Special Chiffon Cake 35 Recipes by Noriko Ozawa

シフォンケーキ専門店『ラ・ファミーユ』の体にやさしいレシピ

スペシャルシフォンケーキ

『ラ・ファミーユ』オーナーシェフ　小沢 のり子

旭屋出版

はじめに

『ラ・ファミーユ』のシフォンケーキは、ベーキングパウダーやクリーム オブ タータという添加物を使わずに、卵白から作るメレンゲや、粉のグルテンの力のみを使って"やわらかい弾力のある生地"に仕上げています。

　お店では、プレーンシフォンの中にフルーツや野菜、紅茶など固形の食材を加えた「スペシャルシフォンケーキ」を1998年のオープン当初から提供し、とても人気です。この本では、お店で長く愛されているシフォンをはじめ、この本のために考案した品まで幅広く紹介しています。

　食材を生地に入れると、生地が沈みやすかったり、空洞ができやすかったりと、難易度があがってしまいますが、この本では「メレンゲの作り方」のポイントや、「失敗しないためのコツ」まで、ていねいに伝授しています。

シフォンケーキとは、「アメリカ生まれの日本育ち」

　不思議なことに、アメリカでは見かけないシフォンケーキを他の国々で見かけることがあります。「どこでシフォンケーキを習ったの？」と尋ねると、「日本人から。だって、日本のケーキでしょ！」と返ってきたんです。シフォンケーキは、アメリカ生まれのお菓子なのに、いつのまにか日本で広く愛されるお菓子になりつつあるようです。

　最近、私のお菓子教室に、台湾、韓国、中国などアジアの方たちが習いにきてくれます。シフォンケーキが、"日本のお菓子"として、世界中に広まっていくことが私の夢であり、シフォンの奥深さを次の世代へ伝えていけたらと思っています。

『ラ・ファミーユ』小沢 のり子

はじめに…002
材料…006
道具…007
シフォンケーキを上手に焼くための基本ポイント3…008

生地にフルーツや野菜を混ぜ込んだ「スペシャルシフォンケーキ」のポイント3…009

シフォンケーキの最大のカギは「メレンゲ」にあります！…010

Chapter1
基礎のシフォン生地をマスターしよう！
『ラ・ファミーユ』のプレーンシフォン

「プレーンシフォン」の作り方…014

Chapter2
果物、ドライフルーツ

苺ヨーグルトシフォン…022　　苺のシフォン…024
フランボワーズシフォン…026　　春色シフォン…028
ブルーベリーのシフォン…030　　ベリーのシフォン…032
りんごのシフォン…034　　オレンジのシフォン…036
レモンのシフォン…038　　柚子のシフォン…040
アプリコットのシフォン…042　　ドライフルーツのシフォン…044
干し柿とお茶のシフォン…046　　バナナのシフォン…048

Chapter3

野菜

野菜のシフォン…050　　　　かぼちゃのシフォン…052

紫芋のシフォン…054　　　　ごまとルッコラのシフォン…056

さつま芋のシフォン…058　　　人参のシフォン…060

生姜のシフォン…062

アレンジ編：「レイヤー シフォン」〜苺ショート、チョコレート＆コーヒー＆シナモン〜…064

Chapter4

香りの食材、ナッツ類、その他

お茶のシフォン…066　　　　ジャスミンティーのシフォン…068

紅茶のシフォン…070　　　　コーヒーのシフォン…072

シナモンシフォン…074　　　ローズのシフォン…076

さくらのシフォン…078　　　チョコレートシフォン…080

チョコナッツのシフォン…082　　ピーナッツのシフォン…084

小豆ときなこのシフォン…086　　栗のシフォン…088

チーズのシフォン…090

シフォン上達のためのアドバイス8　失敗は成功のもと…092

お店紹介、奥付…096

~本書を読む前に~
- ●作り方の手順はp14〜19の「プレーンシフォンの作り方」にて詳しく紹介しています。その他のレシピは、プレーン生地の作り方を前提にしているため、簡略化しています。
- ●焼き時間と温度はオーブンの機種によって多少誤差があります。掲載の数値は目安のため、初回は、約5分前にタイマーをかけ、焼き上がりの状態を調節することをおすすめします。
- ●材料欄の「水」は、「ぬるま湯」のことを指しています。ほんのりと温かいと感じる程度（ひと肌程度）が目安です。
- ●本書は、弊社刊行の『シフォンケーキのプロが教えるスペシャルレシピ』（2005年刊）と『シフォンケーキ専門店 ラ・ファミーユの上達するシフォンケーキ』（2012年刊）のレシピ、及び写真を抜粋し、加筆修正を加えて1冊にまとめたものです。p38「レモンのシフォン」とp68「ジャスミンティーのシフォン」は新たに加わった2品です。

材料

シフォンケーキづくりに使う主な材料を紹介します。

卵 egg

新鮮な卵を選ぶことが大切。卵の鮮度がよいと、濃厚卵白*の量が多めです。これを冷やしてメレンゲを作れば、気泡が消えにくい力のあるメレンゲができます。卵黄はうまく乳化させるために、常温で使います。

＊濃厚卵白…卵黄のまわりに存在する粘りの強い部分。卵を割った際に盛り上がって見える部分。

植物油 vegetable oil

シフォンケーキの特徴は植物油を使うこと。どんな植物油でも構いませんが、添加物が入っている植物油だと卵白の気泡を壊してしまうので不向きです。

薄力粉 cake flour

小麦粉のたんぱく質は、水と練るとグルテンを形成します。このグルテンが油と結びつくことで、生地にやわらかい弾力が出ます。

コーンスターチ cornstarch

コーンスターチをメレンゲづくりに使うことで、卵白の水分を吸収して安定した泡になります。その作用によって、軽い口当たりの生地に仕上がります。

グラニュー糖 granulated sugar

本書では目の細かいグラニュー糖を使っていますが、上白糖でも大丈夫。ただし、ミネラル分が多い砂糖だと、生地の膨らみが悪くなってしまいます。

レモン汁 lemon juice

ブルーベリーや紫芋など、ポリフェノールを含む素材をシフォンづくりに使う場合、生地の色が変化してしまいます。それを防ぐために、酸（レモン汁）を加えて調整します。

道具

シフォンケーキを作るための道具を紹介します。この他、ボウル2個とヘラも必要です。
ボウルは20cm型のメレンゲづくりには直径24cm、卵黄生地づくりには21cmを、
17cm型の場合のメレンゲづくりには直径21cm、卵黄生地づくりには18cmのものを使うとよいでしょう。

ハンドミキサー hand mixer

メレンゲを作る際に、便利な道具です。とくにメレンゲを立てる場合、手立てより短時間で、強いメレンゲを作ることができます。

ホイッパー whisk

メレンゲの状態を見直すときは、ハンドミキサーではなく、泡立て器を使いましょう。泡立て器で混ぜたほうが、手に感じるメレンゲの重みが直接伝わってきて、メレンゲの状態を確認しやすいです。

回転台とパレットナイフ rotating stand&palette knife

焼き上がったシフォンケーキをデコレーションする時に使います。回転台にシフォンケーキをのせ、パレットナイフでクリームを塗ります。

ナイフ knife

シフォンケーキを切り分ける時のナイフは、よく切れるものを用意します。デコレーションしてある場合は、ナイフを温めて使うとよりきれいに切ることができます。

型 cake pan

定番丸型

ハート型

ベトナムで買った型

背の高いシフォンケーキは、中央に筒のある型を使うと型の外側と内側から熱が入って早く焼けます。一番使いやすいのはアルミ製。型には何も塗らずに生地を流し入れます。型の底が取れるタイプのほうが、生地を抜く際に便利です。

シフォンケーキを上手に焼くための
基本ポイント3

1 卵白のコシを活かして力のあるメレンゲを作る

メレンゲで生地の善し悪しが決まります。空気をたっぷり含んだ、小さな気泡のメレンゲを作れば、キメの細かい、柔らかくても弾力のある生地になりますし、デコレーションにも耐えられます。慣れないうちは、メレンゲを最初作っておくとよいでしょう。卵黄生地を作っている間、メレンゲを置いておいてもあまり変化のないメレンゲはよいメレンゲ。仮にメレンゲがゆるくなっていたら、もう一度泡立てて空気を入れ直して気泡をもう一度揃え(これを泡締めと呼ぶ)、よい状態にしてから使います。

2 油と水を卵黄で乳化させる

乳化させるコツは、ハンドミキサーをボウルに対して直角にして、空気を入れないように同一方向に中速で混ぜること。卵黄の力で水と油の一点がくっついて、これが連鎖反応で広がっていき、乳化が起こります。乳化は目で判断しにくいので、この段階で乳化させようと混ぜ続けずに、軽く混ぜたら粉を加えてしまうことをおすすめします。粉は余分な水分を取り込んで、乳化を助けてくれるからです。水は、ぬるま湯(ひと肌程度)を使うと、スムーズに乳化できます。

3 粉を加えたら、混ぜるのではなく"練る"

卵黄生地に粉を加えて中速で同一方向に粘りが出るまで練ります。こうすることで乳化もしますし、粉のグルテンが引き出されます。このグルテンが油と混ざることで、やわらかく弾力のある生地になります。混ぜるのではなく、必ず軽く練ってください。

生地にフルーツや野菜を混ぜ込んだ「スペシャルシフォンケーキ」のポイント3

1 水分の多い食材は水気を切ってから使う

水分は大敵です。なぜなら、水分が多いと混ぜ込んだ食材の周りに、大きな空洞が出きやすくなるから。ですから、食材の水分を切ったり、薄力粉をまぶすことで生地への水分の流出を防ぎます。

2 フルーツや野菜などは1cm以下の大きさに切る

中に入れる食材があまりに大きいと、焼いている時に食材が生地の下に沈んでしまったり、焼き上がってひっくり返して冷ます時に、生地が落ちてしまったりします。また、入れる分量も大切。今回のレシピは味を出すため「これ以上入らない」というくらいたっぷり入れています。あまり欲ばらないように。

3 何も混ぜ込まない場合よりもよく焼くこと

生地に混ぜ込みをすると、焼き上がりが悪くなります。生焼けだと、焼き上がりを逆さにした時に、生地がすぽっと落ちてしまう時があるのです。よって、何も混ぜ込まない生地よりも少し時間をかけて焼きましょう。

シフォンケーキの最大のカギは「メレンゲ」にあります！

point 1　消えにくい「強いメレンゲ」を作る

　生地に膨張剤を入れれば、簡単に膨らみますが、加えないで膨らませようとすると、とたんに難しくなります。自力で膨らむには空気の膨張する力を借りなければなりません。そのためには、空気を泡で包み込むメレンゲの作り方が大切になります。ただ泡立てればよいのではなく、「消えにくい強いメレンゲ」を作るのです。

　メレンゲは卵白と砂糖で作ります。卵白をかき混ぜると、空気が混ざり気泡ができます。このままですと気泡はすぐ消えていってしまいますが、砂糖を加えることによって、粘性が出てキメの細かい変化の少ない安定した気泡、つまり泡の消えにくい強いメレンゲができます。

　でも、砂糖の入れ方に注意しなければなりません。砂糖は、一度に多く入れすぎると泡立ちを抑えてしまいますし、少なすぎると泡が多すぎてしまうということが起こります。しかし、卵白にタイミングよく入れてメレンゲを作ると、気泡の膜が強くなり、消えにくい強いメレンゲを作ってくれます。

　難しいのは、キメの細かい変化の少ない安定した気泡を、肉眼では見ることができないことです。私たちは機械で泡立てることをしますが、機械は強いメレンゲを完璧につくってくれませんので、最終作業は人間の手の感触で細かい泡を作り直します。泡立て器を手で持ちメレンゲの中で振るように動かします。そのときの手の感触でよいか悪いかを判断します。それが一番大変なのです。

よい状態のメレンゲ
　泡の膜がしっかりとしている
　泡の粒が小さく、揃っている

　一つだけ、メレンゲの善し悪しを目で確認する方法があります。それは、メレンゲができたと思ったら、2〜3分放置することです。放置したメレンゲの変化で善し悪しを判断します。悪いところは直して使います。あまり変化がなければ、よいメレンゲができた証拠ですが、それで安心してはいけません。その後、泡立て器を持って目で見えない小さな泡にそろえていくのです。小さな泡にそろったかどうかは、手の感触で覚えていくしかありません。

　覚えるためのコツは、メレンゲができるようになるまで、卵白と砂糖の量を一定にして作るようにするとよいでしょう。いつも同じ量で作ると、自然と手の感覚が鍛えられ、少しずつわかるようになっていきます。店では、卵白に対して砂糖の量を一定にしています。

　メレンゲづくりは、ミキサーの種類や大きさや強さで、ミキサーの扱い方、メレンゲの作り方が変わってきますので、お持ちになっているミキサーに慣れることも大事です。

　よいメレンゲができる条件は、2つあります。

新鮮な卵を使う：新鮮な卵白はなかなか泡立ってきませんが、気泡ができると消えにくい持ちのよい泡になります。古い卵白はすぐ泡立ちますが、すぐ消えていく持ちの悪い泡になってしまいます。また、すぐ消えていくような泡だと、2つの素材を充分に混ぜ合わせることができず、膨らみも悪く、おいしい仕上りになりません。

　濃厚卵白は粘性がありしっかりしているため、空気が入りにくいので、軽くほぐして使います。卵白をほぐしすぎると、シフォン生地のふんわりとした弾力が弱まってしまうので、「軽くほぐす」ことがポイントです。

　使うまで冷蔵庫に入れておく：卵白は、作業直前まで冷やしておきます。常温の卵白より泡立ちは悪いですが、細かく安定した泡になります。

　シフォンケーキ失敗の原因の約90％は、メレンゲの善し悪しで決まります。失敗を重ねながら、少しずつ身につけていきましょう。

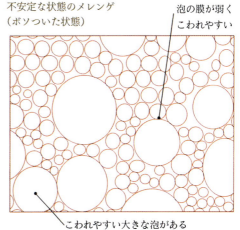

point 2　菓子づくりに欠かせない「乳化」とは？

　シフォンケーキは、バターやラードなどの動物油を使わない、植物油で作るめずらしいお菓子です。その油と、水分（水、牛乳、果汁など）を混ぜ合わせるのですが、当然のことながら、水と油は混ざりません。

　そのままでは混ざらない2つの素材を混ぜ合わせるのが、「乳化」という作業です。この乳化に必要なのが、乳化剤と呼ばれる物質です。卵黄の成分であるレシチンが乳化剤の役割を果たすので、卵黄は「天然の乳化剤」といわれています。シフォンケーキでは、卵黄のレシチンを仲介役として、油の周りを水分が取り囲んでいます。ただし、この乳化は、目で見て混ざったと思っても、目で見えないところまで混ざっていないと、失敗として生地に反映されます。

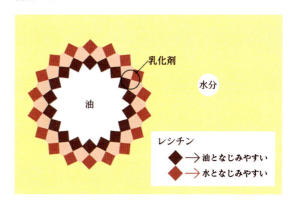

　では、目で見えないところはどうするか。科学が教えてくれました。「強い力を加えないよう一定方向に回す」と。1ヵ所で乳化が起こると、それが連鎖反応を起こし全体に伝わっていくのです。強い力でかき混ぜると、レシチ

011

ンの乳化力が壊れて乳化はしにくくなり、失敗に通じますので、「やさしく練るように混ぜる」ことが重要なポイントです。

　また、乳化をするときに、気をつける点がもう一つあります。温度です。あまり冷たくても熱すぎても、水分と油分がよく混ざりません。卵黄が冷たい時は、水分を少し温めてから混ぜ合わせましょう。

　この乳化作業を身につけておくと、他のお菓子づくりにもとても役立ちます。

point 3　シフォンケーキづくりには「グルテン」が必須

　シフォンケーキの特徴は植物油を使うことです。でも、植物油だけではシフォンケーキのやわらかさを出すことはできません。もう一つ、なくてはならないものがあります。それは「グルテン」です。グルテンは、小麦粉に水を加えて練ると、グルテニン、グリアジンという2種類のタンパク質が網目構造をつくり、粘弾性のある物質に変わり生地の骨格になります。小麦粉だけが、グルテンという物質を作る唯一の穀物だといわれていますので、小麦粉を使う際のポイントは、グルテンを出さないことではなく、「グルテンをいかに利用するか」という点が重要なのでは……と考えています。

　バターのような動物脂（固形油脂）はグルテンと混ざり合うと生地を固くしたり、グルテンをばらばらに寸断したりします。

　植物油（液状油）はグルテンと混ざり合うと、生地の伸展性が高まりやわらかい弾力になります。このやわらかいグルテンが、メレンゲの気泡の周りを膜のように包み込んで膨らんでいくのです。これが、シフォン生地のやわらかさと弾力の秘密だと思っています。

　グルテンを形成した卵黄生地が、細かい泡を持った強いメレンゲの気泡を包み込むようによく混ぜ合わせることでおいしい味を生み出します。そして、植物油と混ざったグルテンとメレンゲの強さのおかげで、ふんわりとやわらかく、しなやかな生地になります。

　卵黄生地は粘りが出るまで混ぜると紹介したのは、ある程度の粘り（グルテン）を出す必要があるためなのです。ですが、グルテンが必要以上にでないよう、練りすぎには気をつけましょう。

　卵黄生地はただ混ぜるだけではなく、以上のようなたくさんの秘訣があります。失敗を避けるには、「どうして？」という疑問を持つことが大切です。そして、科学的な理由を知り、目で見えないところを知ることが、シフォンケーキづくりの成功につながっていきます。

Chapter1

基礎のシフォン生地をマスターしよう！

『ラ・ファミーユ』の
プレーンシフォン

Plain Ciffon Cake

私が最初に「シフォンケーキ」のことを知ったのは、1980年代初めの頃。大きくてやわらかくて、今まで食べたことがない味でした。その後、日本とアメリカの正反対の作り方に衝撃を受け、"どうして？"という疑問をきっかけに、シフォンケーキに惹かれていきました。アメリカの作り方をベースに、私流の工夫を重ねながら、『ラ・ファミーユ』のシフォンケーキは生まれました。そのとっておきのレシピを紹介します。

「プレーンシフォン」の作り方

私が開くシフォンケーキ教室に初めて来られた方には、まず基本の「プレーンシフォン」をお教えして、シフォンケーキに親しみをもってもらっています。具材など他の素材は入らないので、初心者の方でも作りやすいです。21ページ以降で紹介するシフォンケーキのバリエーションは、プレーンシフォンの作り方がベースになります。

材料

- ●17cm型
  - 卵白…110g
  - 砂糖…70g
  - コーンスターチ…6g

  - 卵黄…50g
  - 水(ぬるま湯)…40g
  - 植物油…40g
  - 薄力粉…65g

- ●20cm型
  - 卵白…170g
  - 砂糖…110g
  - コーンスターチ…10g

  - 卵黄…80g
  - 水(ぬるま湯)…60g
  - 植物油…60g
  - 薄力粉…100g

1 まず卵白に均等に空気が入りやすいよう、低速〜中速のミキサーで軽くほぐします。コシのある卵白はミキサーで持ち上げることができます。この卵白のコシを切らないよう、ほぐしすぎには注意してください。

2 ほぐれたら、高速にして泡立てます。

3 ミキサーですくってみて、重い手ごたえになるまで泡立てます。

4 3に、砂糖を大さじ1杯加えて、さらに泡立てます。砂糖が入るとメレンゲがやわらかくなりますが、泡立てていると再び固くなってきます。

1 メレンゲを作る

5 砂糖が入ると、手ごたえが重くなってきます。

6 再び砂糖を大さじ1杯加え、ミキサーで泡立てます。用意した砂糖がなくなるまで、③〜⑤の作業を繰り返します。

7 最後の砂糖にコーンスターチを加えて混ぜ、6に加える。再度泡立てて、手ごたえが重くなったら終了です。

8 仕上げに、ミキサーを液面に対して垂直になるように立てて持ち、低速に落として、ゆっくりとボウルの中で円を描くように5〜6周します。この作業は消えにくい泡の状態にするためです。

9 ミキサーを外して、そのまま2〜3分放置します。この放置はメレンゲの善し悪し（安定性）を確認するために行います。

Chapter 1.Plain Ciffon Cakes* 015

2 卵黄生地を作る

10 メレンゲを放置している間、卵黄生地を作ります。別のボウルを用意し、卵黄、水と油を入れます。

11 続けて、粉を入れます。

12 ミキサーを垂直に立て、中速で混ぜます。ここでは泡立てないよう、ボウルの中で円を描くように一定方向に動かしながら、練るように混ぜて水と油を乳化させます。(ミキサーはメレンゲづくりに使ったものを、洗わずに使ってもよい)

13 粉のグルテンによる粘りが出たら、乳化作業は終了です。

14 卵黄生地づくりのあと、メレンゲの状態を確認します。よい状態のメレンゲはあまり変化はないですが、不安定な状態のメレンゲは表面がボソボソになっています (A)。よい状態のメレンゲにするには、ひじを固定して泡立て器を持ち、手首だけで回して小さな泡にそろえます (B)。ボソついたメレンゲは、泡が消えているので再度泡立て、安定した状態のメレンゲにします。

3 生地づくりの仕上げ

15 メレンゲを、卵黄生地と合わせます。卵黄生地とほぼ同量のメレンゲを泡立て器ですくい取り、卵黄生地のボウルに入れます。

16 メレンゲの白色が見えなくなるまで、ヘラで混ぜ合わせます。

17 残りのメレンゲを2回に分けて加え、混ぜ合わせます。メレンゲの白色が見えなくなったあとも、最後に少し混ぜます。よく混ざっていると、味が均一になり、おいしい生地に仕上がります。

＊混合の必須ポイント3＊

卵黄生地に加える「水」は、ひと肌程度の「ぬるま湯」を使う

油脂と乳化する際によりスムーズに乳化でき、状態のよい生地に仕上がります。
目安は、指を入れてほんのりと温かく感じる「ひと肌程度」です。

卵黄生地は「軽く練るように、一定方向に混ぜる」ことがカギ！

「卵黄、水、油、粉」の混合は、勢いよく混ぜてはNG。最後まで一定方向にまわし、粉の粘りが出るまでていねいに混ぜます。

卵黄生地とメレンゲの混合は、見た目のほか「手の感覚」が大事

卵黄生地にメレンゲがすべて入り、白い部分が見えなくなったあとも、少し混合することで味が均一になります。混ぜ終わりの見極めは、「手の感触」。生地を混ぜたときの「手に感じる重み」が均一になるまで混ぜます。生地づくりの回数を重ねていくことで、少しずつ身につけていきましょう。

Chapter 1.Plain Chiffon Cakes＊ 017

4 焼成

18 17を型に流します。型には油は塗らないことがポイントです。焼成時から焼成後にかけて、生地がしぼむことなく、膨らみ（生地のあがり）が安定します。

19 型をゆすり、表面を平らにして焼きます。

20 余熱したオーブンに入れます。160℃前後の中温で約30分（20cmの型は約35分）です。

21 生地が焼けたら、型を取り出し、型の底を台に軽く打ちつけてから、逆さにして冷めるまで置いておきます。粗熱がとれたら、逆さのまま半日ほど寝かせます。（夏場は冷蔵庫に入れて寝かすとよい）

5 型から生地を外す

22 食べる時に型から外します。まず、型の外側の縁に沿って指先で生地をやさしく下に押してから手前（筒側）に引きます。一周その作業を繰り返し、生地を型からはがします。

23 次に、芯の周りを下に軽く押して1/3くらい生地をはがします。

24 型の底を指で押し上げるようにして、ゆっくりと型から生地を取り出します。

25 最後に型の底部分を外します。横に傾け、小指の横でやさしく押し上げるようにして生地をはがし、型の底部分を外します。

Chapter 1. Plain Ciffon Cakes* 019

Plain Ciffon

Chapter2

果物、
ドライフルーツ

Fruits Ciffon Cakes

プレーンシフォンの生地をベースに、
苺やレモンなど生の果物を使った
スペシャルシフォンケーキを紹介します。
素材の色や風味を存分に楽しめるシフォンばかりです。
常備できて便利なドライフルーツのレシピもぜひ！

"苺ヨーグルトシフォン"

春が旬の苺を、相性のよいヨーグルトと合わせました。しっとり感のある生地も特徴です。苺ピューレとヨーグルトを加えたピンク色のクリームを雰囲気よくシフォンに流し、かわいらしい雰囲気に仕上げました。

材料

	(17cm型)	(20cm型)		(17cm型)	(20cm型)
卵白	110g	170g	植物油	40g	60g
グラニュー糖	70g	110g	プレーンヨーグルト	50g	80g
コーンスターチ	6g	10g	苺(粗みじん切り)	65g	100g
			薄力粉	65g	100g
卵黄	50g	80g			

作り方

1. 卵白、砂糖、コーンスターチで、強いメレンゲを作っておく。
2. ヨーグルトに苺を入れ、軽くつぶしておく。
3. ボウルに卵黄、油、2を入れて苺をつぶしながら全体をなじませ、粉を加えて練るように混ぜる。
4. 1のメレンゲの状態を見直してから、3の卵黄生地に同量くらいのメレンゲを加えて混ぜ合わせる。次に残りのメレンゲをもう一度見直しして、よい状態にしてから加えて混ぜ合わせる。
5. 型に流し、160℃前後のオーブンで約35分(20cm型は約40分)焼く。
6. 焼き上がったら、オーブンから出して台に型の底を軽く打ちつけ、逆さにして冷ます。
7. 半日ほど生地を寝かせ、型から外す。

デコレーション用クリーム

材料

	(17cm型)	(20cm型)
生クリーム	50g	90g
グラニュー糖	5g	9g
苺ピューレ(クリーム用)	30g	50g
プレーンヨーグルト	60g	100g
苺ピューレ(飾り用)	適量	適量
苺(飾り用)	適量	適量

作り方

1. ボウルに生クリーム、砂糖を入れる。氷水にあてながら泡立てる。
2. 1に苺ピューレとヨーグルトを加えて撹拌し、七分立てにする。
3. 2をシフォンの上部に流す A 、ヘラを使ってクリームを少しずつ下部に流す。
4. 上部に苺ピューレを円状に2周流し、竹串で模様をつける B 。苺を添える。

Chapter 2. Fruits Chiffon Cakes* 023

"苺のシフォン"

水を使わずに、苺のピューレを水分代わりに使ったシフォンです。生地づくりに使うだけでなく、シフォンの表面にも苺ピューレを塗ることで、苺の風味がより一層高まり、見た目にも華やかな印象に仕上がります。

Recipe

材料

	（17cm型）	（20cm型）			
卵白	110g	170g	苺のピューレ	50g	80g
グラニュー糖	70g	90g	刻んだ苺	60g	100g
コーンスターチ	6g	10g	薄力粉	55g	90g
卵黄	50g	80g	苺のピューレ	130g	80g
植物油	40g	60g	苺（飾り用）	10粒	8粒

作り方

1. 卵白、砂糖、コーンスターチで、強いメレンゲを作っておく。
2. ボウルに、卵黄、油、苺のピューレ、刻んだ苺 A を入れて混ぜたあと、粉を加えて練るように混ぜる。
3. 1のメレンゲの状態を見直してから、2に同量くらいのメレンゲを合わせ、よく混ぜる。
4. メレンゲを再確認し、半量を3に加えてさっと混ぜる。
5. 残ったメレンゲを加えて、よく混ぜる。
6. 型に生地を流し入れ、160℃前後のオーブンで約35分（20cm型は約45分）焼く。
7. 焼き上がったら、型を軽くテーブルなどに打ちつけ、逆さにして、完全に熱が取れるまで半日ほど置いておく。
8. 型から取り出した生地に、沸騰直前まで温めた苺ピューレを温かいうちに塗る。仕上げに切り込みを入れた苺を飾る B。

A

B

● 「苺」のはなし

苺はどんな種類のものでも構いませんが、よく熟していて、甘いものを選んだ方がよいでしょう。

Chapter 2 . Fruits Ciffon Cakes* 025

"フランボワーズシフォン"

フランスにいた頃に思いついたシフォンです。フランボワーズが大好きな私は、「これってシフォンの生地に入らないかな?」と試してみたら、難なく成功! フランス人にも好評でした。フランスでは初夏にフレッシュのフランボワーズが出回りますが、日本ではフレッシュはなかなか入手できません。そこで店ではヨーロッパ産の冷凍品を使うことにしました。生地の中には冷凍のまま入れて焼きます。うれしいことに今では、店の看板商品となっています。

Recipe

材料

	（17cm型）	（20cm型）		（17cm型）	（20cm型）
冷凍フランボワーズ	60g	90g	卵黄	50g	80g
			水	40g	60g
卵白	110g	170g	植物油	40g	60g
グラニュー糖	70g	110g	レモン汁	3g	5g
コーンスターチ	6g	10g	薄力粉	60g	90g

作り方

1. フランボワーズは凍ったまま1粒を4〜6等分くらいに割り、全体に薄力粉（分量外）をまぶしA、使う直前まで溶けないよう冷凍庫に入れておく。
2. 卵白、砂糖、コーンスターチで、強いメレンゲを作っておく。
3. 卵黄、水、油とレモン汁を軽く混ぜてから、粉を加えて練るように混ぜる。
4. 2のメレンゲの状態を見直してから3の卵黄生地に同量くらいのメレンゲを加え、混ぜ合わせる。残りのメレンゲをもう一度見直しして、よい状態にしてから加えて混ぜ合わせるB。
5. メレンゲの白い部分が見えなくなったら1を加える。フランボワーズにまぶして残った余分な粉が入らないように加えC、フランボワーズが生地全体に行きわたるように軽く混ぜるD。
6. 型に流し、160℃前後のオーブンで約40分（20cm型は約45分）焼く。

デコレーション用クリーム

材料	（17cm型）	（20cm型）
生クリーム	140g	200g
グラニュー糖	12g	18g
フランボワーズピューレ	20g	30g
フランボワーズの実	8個	10個
ミントの葉	8枚	10枚

作り方

1. ボウルに生クリーム、砂糖を入れ、氷水にあてながら、少しゆるめに泡立てる。
2. フランボワーズピューレと1を混ぜ合わせ、シフォンの表面に塗り、残りを絞り袋に入れて絞る。
3. フランボワーズの実とミントの葉を飾る。

Chapter 2 . Fruits Ciffon Cakes * 027

"春色シフォン"

雛祭りの菱餅をヒントに考えたシフォンです。着色料は使わず、緑はよもぎ、桃色は苺で色を出してあります。この2色とプレーンとで3色。名前を何にしようかと悩んでいたら、友人が"春色シフォン"と命名してくれました。変化がつくようにマーブル状にしてありますが、型に入れる3色の生地の入れ方で、模様が異なりますので、菱餅のようにきっちり三段にしたり、色の順番を変えたりと、好みに合わせて作ってみてください。

Recipe

材料

	（17cm型）	（20cm型）		（17cm型）	（20cm型）
卵白	110g	170g	薄力粉	65g	100g
グラニュー糖	70g	110g			
コーンスターチ	6g	10g	乾燥よもぎ	2g	3g
			水	6g	9g
卵黄	50g	80g	苺ピューレ	30g	50g
水	40g	60g			
植物油	40g	60g			

作り方

1. よもぎは、水で湿らせておく A 。
2. 卵白、砂糖、コーンスターチで、強いメレンゲを作っておく。
3. 卵黄、水、油、薄力粉を加え、練るように混ぜる。
4. 2のメレンゲの状態を見直してから3の卵黄生地に、同量くらいのメレンゲを加えて混ぜる。次に残りのメレンゲをもう一度見直して、よい状態にしてから加えて混ぜ合わせる。白い部分が見えなくなったら注意して、プレーンの生地より少し手前で混ぜるのをやめる。
5. 4の生地から100g（20cm型は160g）を取り出し、1のよもぎに入れて混ぜる B 。
6. 5で取り出して残った生地から130g（20cm型は220g）を取り出し、苺ピューレに入れて混ぜる C 。
7. 6で残った生地を軽く混ぜる。
8. 型に入れる時、ピンク（5のいちごの生地）、白（7の生地）、緑（4のよもぎの生地）を交互に入れる D 。
9. 160℃前後のオーブンで約40分（20cm型は約45分）焼く。

デコレーション用クリーム

材料	（17cm型）	（20cm型）
生クリーム	140g	200g
グラニュー糖	12g	18g
苺ピューレ	30g	50g
苺（飾り用）	8個	10個

作り方

1. ボウルに生クリーム、砂糖を入れる。氷水にあてながら撹拌し、八分立てにする。
2. 苺ピューレと1をヘラで混ぜ合わせる。
3. 2をシフォンの表面に塗り、模様をつける。カットした苺を添える。

"ブルーベリーのシフォン"

ブルーベリーのシロップ煮とピューレを使って紫色の生地に仕上げました。ブルーベリーはポリフェノール（アントシアン）を含んでいて、生地が変色しやすいので、レモン汁を少量加えて発色をよくしています。ですが、酸が多すぎると、失敗の原因になるため、レモン汁はレシピ通りに加えましょう。

Recipe

材料

	（17cm型）	（20cm型）		（17cm型）	（20cm型）
卵白	110g	170g	レモン汁	4g	6g
グラニュー糖	70g	110g	薄力粉	65g	100g
コーンスターチ	6g	10g	ブルーベリーのシロップ煮（水気をきっておく）※	30g	50g
卵黄	50g	80g			
水	15g	20g			
植物油	35g	50g			
ブルーベリーピューレ	45g	70g			

※ブルーベリーのシロップ煮の作り方
　ブルーベリー（冷凍）量の40％のグラニュー糖を加えて火にかけ、軽く煮る。

作り方

1. 卵白、砂糖、コーンスターチで、強いメレンゲを作っておく。
2. ボウルに卵黄、ブルーベリーピューレ、水、植物油、レモンを入れて一定方向に練るように混ぜるA・B。
3. 1のメレンゲの状態を見直してから、2の卵黄生地に、同量くらいのメレンゲを加えて混ぜるC。
4. メレンゲの白い部分が残っているうちに、ブルーベリーのシロップ煮を加え、ブルーベリーが全体に散るようによく混ぜ合わせる。
5. 残りのメレンゲをもう一度見直ししてよい状態にしてから、半量のメレンゲを加えて混ぜる。白い部分が残っているうちに、残りのメレンゲを加えてよく混ぜるD。
6. 型に流し、160℃前後のオーブンで約30分（20cm型は約45分）焼く。
7. 焼き上がったら、オーブンから出して台に型の底を軽く打ちつけ、逆さにして冷ます。
8. 半日ほど生地を寝かせ、型から外す。

デコレーション用クリーム

材料	（17cm型）	（20cm型）
生クリーム	140g	200g
グラニュー糖	12g	18g
キルシュワッサー	少々	少々
ブルーベリー	24個	30個
ミントの葉	8枚	10枚

作り方

1. ボウルに生クリーム、グラニュー糖を入れてゆるめに泡立て、キルシュワッサーを加えて混ぜる。
2. 型から取り出した生地の表面に、1を塗る。パレットナイフの先端に少量のクリームを取って上部と側面に模様をつける。側面は、下から上へ持ち上げるようにパレットナイフを動かすと、きれいに塗ることができるE。
3. 上部にブルーベリーとミントの葉を飾る。好みのサイズにカットし、皿に盛るF。

Chapter 2. Fruits Ciffon Cakes* 031

"ベリーのシフォン"

生地にブルーベリーとフランボワーズを混ぜ込み、ベリーのソースをたっぷりとしみ込ませた華やかなスペシャルシフォンケーキです。色合いがとてもきれいなので、特別な日のケーキとしてもおすすめです。冷やして食べるとよりおいしく、さっぱりとした夏向きシフォンです。

材料

	（17cm型）	（20cm型）
卵白	110g	170g
グラニュー糖	70g	110g
コーンスターチ	6g	10g
卵黄	50g	80g
水	40g	60g
レモン汁	6g	10g
レモン皮のすり下ろし	少々	少々
植物油	40g	60g
薄力粉	60g	90g
ブルーベリーピューレ	15g	25g

	（17cm型）	（20cm型）
ブルーベリーのシロップ煮(p31参照)	大さじ1と1/2	大さじ2
フランボワーズピューレ	20g	35g
フランボワーズ	18g	30g
*ソース		
ブルーベリーのシロップ煮の漬け汁	12g	20g
フランボワーズピューレ	50g	80g
*飾り用		
ブルーベリー	8粒	10粒
フランボワーズ	8粒	10粒
ミントの葉	8枚	10枚

作り方

1. 卵白、砂糖、コーンスターチで、強いメレンゲを作っておく。
2. ボウルに卵黄、水、レモン汁、レモンの皮、植物油を入れて軽く混ぜる。
3. 薄力粉を加えて同一方向に練るように混ぜる。
4. 1のメレンゲの状態を見直してから、3に同量くらいのメレンゲを合わせ、よく混ぜる。
5. メレンゲを再確認し、半量を4に加えてさっと混ぜる。残ったメレンゲを加えて、よく混ぜる。
6. 生地90g（直径20cmの場合は150g）にフランボワーズピューレを加えて混ぜる A 。
7. 生地100g（直径20cmの場合は170g）にブルーベリーピューレと、水気を切ったブルーベリーのシロップ煮を加えて混ぜる B 。
8. 残りの生地に、細かくして薄力粉（分量外）をまぶしたフランボワーズを加えてさっと混ぜる C 。
9. 型に生地を交互に流し入れ D E 、160℃前後のオーブンで約45分（20cm型は約50分）焼く。
10. 焼き上がったら、型を軽くテーブルなどに打ちつけ、逆さにして、完全に熱が取れるまで置いておく。
11. ソースを用意する。鍋にシロップ煮の漬け汁とピューレを入れて、沸騰直前まで温める。
12. 型から取り出した生地に、11を温かいうちに塗る F 。ブルーベリーとフランボワーズ、ミントの葉を飾る。

Chapter 2 .Fruits Ciffon Cakes* 033

"りんごのシフォン"

紅玉の旬である10月と11月ごろに作るシフォンケーキ。紅玉の甘酸っぱさときれいな赤い色が魅力です。紅玉を使うと、きれいな赤い色が出やすいです。よく「何か着色料を入れているの？」と聞かれますが、紅玉の皮の自然な色なんです。紅玉は色が出るだけでなく、他のりんごに比べて実がしまっていて、水分が少なく、ほどよい酸味もあるので、ケーキづくりにはぴったりです。

Recipe

材料

	（17cm型）	（20cm型）
卵白	110g	170g
グラニュー糖	60g	90g
コーンスターチ	6g	10g
卵黄	50g	80g
水	40g	60g
植物油	40g	60g
薄力粉	55g	90g
紅玉の砂糖煮（※）	150g	250g

※紅玉の砂糖煮の作り方
紅玉の大を2個の皮を厚くむき、芯を取り除いて角切りにする。皮はみじん切りにする。両方を合わせて重さを量り、15％のグラニュー糖を加える。水分がなくなるまで煮る A 。

作り方

1. 卵白、砂糖、コーンスターチで、強いメレンゲを作っておく。
2. ボウルに卵黄、水、油、粉を入れ、練るように混ぜる。
3. 紅玉の砂糖煮を加えて、軽く混ぜ合わせる。
4. 2のメレンゲの状態を見直してから、3に同量くらいのメレンゲを合わせ、よく混ぜる。
5. メレンゲを再確認し、半量を4に加えてさっと混ぜる。
6. 残ったメレンゲを加えて、よく混ぜる。
7. 型に生地を流し入れ、160℃前後のオーブンで約35分（20cm型は約50分）焼く。
8. 焼き上がったら、型を軽くテーブルなどに打ちつけ、逆さにして、完全に熱が取れるまで置いておく。

デコレーション用クリーム

材料	（17cm型）	（20cm型）
生クリーム	140g	200g
グラニュー糖	12g	18g
カルヴァドス	少々	少々
紅玉の砂糖煮	少々	少々
セルフィーユ	少々	少々

作り方
1. ボウルに生クリームとグラニュー糖を入れて氷水にあてて泡立て、カルヴァドスを加える。
2. 生地が冷めたら手で型から生地を取り出し、1を塗る。紅玉の砂糖煮とセルフィーユを飾る B 。

"オレンジのシフォン"

生地にオレンジの果汁と自家製オレンジピールを加えて、さわやかな味に。オレンジピールは市販品もありますが、手作りすると、より一層、香りも味もよくなります。シフォンケーキ以外のお菓子にも使えますから、便利です。グラニュー糖の分量は、お好みで。

Recipe

材料

	（17cm型）	（20cm型）
卵白	110g	170g
グラニュー糖	70g	110g
コーンスターチ	6g	10g
卵黄	50g	80g
水	15g	20g
植物油	40g	60g
オレンジの果汁	30g	50g
薄力粉	60g	90g
オレンジピール（※1）	130g	200g
オレンジのシロップ煮（※2）	少々	少々

※オレンジピールの作り方
オレンジの皮を茹で、ひと煮たちさせて湯を捨て、再び水から皮が柔らかくなるまで茹でる。ザルに上げて、細かく切る。皮の厚さの35％量のグラニュー糖とオレンジがひたるくらいの水を入れて煮る。水気がなくなってA、パチパチと音がしてきたら完成。保存時はオレンジのリキュールに漬けておく。

※オレンジのシロップ煮の作り方
グラニュー糖1に対して水3を合わせてシロップを作る。沸騰したシロップに薄く切ったオレンジを入れ、皮と実の間の白い部分が透明になるまで弱火で煮る。

作り方

1. 卵白、砂糖、コーンスターチで、強いメレンゲを作っておく。
2. ボウルに卵黄、水、植物油、オレンジの果汁を入れてなじませたあと、粉を加えて練るように混ぜる。
3. 2にオレンジピールを入れて、軽く混ぜる。
4. 1のメレンゲの状態を見直してから、3に同量くらいのメレンゲを合わせ、よく混ぜる。
5. メレンゲを再確認し、半量を4に加えてさっと混ぜる。
6. 残ったメレンゲを加えて、よく混ぜる。
7. 型の内側にオレンジのシロップ煮を貼ってB生地を流し入れ、160℃前後のオーブンで約30分（20cm型は約45分）焼く。
8. 焼き上がったら、型を軽くテーブルなどに打ちつけ、逆さにして、完全に熱が取れるまで置いておく。
9. 型から生地を取り外すC。

"レモンのシフォン"

レモンの黄色とミントの緑色がアクセントになった爽快感あふれる一品。手作りのレモン煮の甘酸っぱさがシフォンの味わいを引き立てます。レモンアイシングを雰囲気よく上部に垂らせば、ワンランク上のシフォンの完成です！

Recipe

材料

	（17cm型）	（20cm型）
卵白	110g	170g
グラニュー糖	70g	90g
コーンスターチ	6g	10g
卵黄	50g	80g
水	40g	60g
植物油	40g	60g
薄力粉	60g	90g
レモン煮※	90g	140g

※レモン煮の作り方
1 冷凍したレモンを解凍し、絞る。レモン汁をとっておく。
2 ヘタと種を取り除いてから、フードプロセッサーで攪拌し、ごく細かい状態にする。
3 鍋に1と2を入れ、レモン重量の60％のグラニュー糖を加えて火にかける。水分がなくなるまで煮詰める。

作り方

1 卵白、砂糖、コーンスターチで、強いメレンゲを作っておく。
2 ボウルに卵黄、水、植物油、粉を入れて一定方向に練るように混ぜる。
3 2に、レモン煮を加えて軽く混ぜ合わせる A 。
4 1のメレンゲの状態を見直してから、3の卵黄生地に同量くらいのメレンゲを加え B 、白い部分が見えなくなるまで混ぜる C 。
5 残りのメレンゲをもう一度見直ししてよい状態にし、半量のメレンゲを加えて混ぜる。メレンゲの白い部分が残っているうちに、残りのメレンゲを加えてよく混ぜる D 。
6 5を型に流し、斜めにしながら生地を平らにする E 。160℃前後のオーブンで約35分（20cm型は約45分）焼く。
7 焼き上がったら、オーブンから出して台に型の底を軽く打ちつけ、逆さにして冷ます。
8 半日ほど生地を寝かせ、型から外す。

デコレーション用アイシング

材料

	（17cm型）	（20cm型）
粉砂糖	100g	100g
レモン汁	1個分	1個分
レモン（輪切り）	適量	適量
ミントの葉	適量	適量

作り方

1 ボウルに粉砂糖とレモン汁を入れて混ぜ、ゆるめのアイシングを作る。
2 型から取り出した生地の上部に、1を流す。レモンとミントの葉を飾る。好みのサイズにカットして皿に盛る F 。

"柚子のシフォン"

ベトナムで見つけたかわいい花型で、柚子のシロップ煮を
入れた生地で焼きました。
一番手前は筒の部分がないカップケーキのような型です。

Recipe

材料

	（17cm型）	（20cm型）
卵白	110g	170g
グラニュー糖	70g	110g
コーンスターチ	6g	10g
卵黄	50g	80g
水	40g	60g
植物油	40g	60g
薄力粉	60g	90g
柚子の砂糖煮（※）	110g	170g

※柚子の砂糖煮の作り方
柚子大2個を皮ごと適当な大きさに切り、種を取る。細かく切って、柚子の重さの40％のグラニュー糖と柚子がひたるくらいの水を加えて煮る。

作り方

1. 卵白、砂糖、コーンスターチで、強いメレンゲを作っておく。
2. ボウルに卵黄、水、植物油、柚子の砂糖煮 A を入れて混ぜ、全体をなじませる。
3. 薄力粉を加えて同一方向に練るように混ぜる。
4. 1のメレンゲを見直してから、3に同量くらいのメレンゲを合わせ、よく混ぜる。
5. メレンゲを再確認し、半量を4に加えてさっと混ぜる。
6. 残ったメレンゲを加えて、よく混ぜる。
7. 型に生地を流し入れ、160℃前後のオーブンで約30分（20cm型は約45分）焼く。
8. 焼き上がったら、型を軽くテーブルなどに打ちつけ、逆さにして、完全に熱が取れるまで置いておく。
9. 型から生地を取り出す B 。

● 「柚子」のはなし

柚子は日本の代表的な柑橘類。爽やかな酸味とほろ苦さが特徴です。今回は、秋～冬にできる黄柚子を皮ごと使って、砂糖煮にしました。柚子がたくさん出回っている時に、作り置きしておくと便利です。

"アプリコットのシフォン"

甘酸っぱくて色鮮やかなアプリコットを入れました。フレッシュではなく、フルーツの甘みがぎゅっと詰まり、栄養価も高いドライフルーツを使っています。ドライフルーツは、フレッシュより水分が少ないので、生地に入れても失敗が少ない、うれしい食材です。

Recipe

材料

	（17cm型）	（20cm型）
卵白	110g	170g
グラニュー糖	70g	110g
コーンスターチ	6g	10g
卵黄	50g	80g
水	30g	50g
植物油	40g	60g
あんずのピューレ	40g	60g
薄力粉	60g	90g

	（17cm型）	（20cm型）
グラニュー糖	10g	20g
アプリコットのリキュール漬け（※）	55g	90g

※アプリコットのリキュール漬けの作り方
ドライアプリコットは、あんずのリキュールで1週間以上漬け込む。

作り方

1. 卵白、砂糖、コーンスターチで、強いメレンゲを作っておく。
2. ボウルに卵黄、水、植物油、常温にもどしたあんずのピューレAを入れて混ぜ、全体をなじませる。
3. 薄力粉を加えて同一方向に練るように混ぜる。
4. 細かく刻んだアプリコットのリキュール漬けを加えて、軽く混ぜ合わせる
5. 1のメレンゲを見直してから、4に同量くらいのメレンゲを合わせ、よく混ぜる。
6. メレンゲを再確認し、半量を5に加えてさっと混ぜる。
7. 残ったメレンゲを加えて、よく混ぜる。
8. 型に生地を流し入れ、160℃前後のオーブンで約35分（20cm型は約45分）焼く。
9. 焼き上がったら、型を軽くテーブルなどに打ちつけ、逆さにして、完全に熱が取れるまで置いておく。

デコレーション用クリーム

材料

	（17cm型）	（20cm型）
生クリーム	140g	200g
グラニュー糖	12g	18g
あんずのピューレ	20g	30g
あんずのシロップ煮（缶詰）	少々	少々
セルフィーユ	8枚	10枚

作り方

1. ボウルに生クリームとグラニュー糖を入れて氷水にあてて泡立て、あんずのピューレを加える。
2. 型から取り出した生地に1を塗る。あんずのシロップ煮とセルフィーユを飾るB。

"ドライフルーツのシフォン"

自家製の「ドライフルーツのラム酒漬け」を使用。フルーツの甘みとラムの香りが、シフォンのおいしさを一層引き立てます。刻んだクルミを加えることで、味わいと食感にアクセントをつけました。

材料

	（17cm型）	（20cm型）
卵白	110g	170g
グラニュー糖	70g	110g
コーンスターチ	6g	10g
卵黄	50g	70g
水	40g	60g
植物油	40g	60g
薄力粉	60g	90g
クルミ	20g	30g
ドライフルーツのラム酒漬け（※）	1/2カップ	1カップ弱

※ドライフルーツのラム酒漬けの作り方
レーズン、プルーン、アンズ、ブルーベリー、チェリー、オレンジピール、レモンピールなどをラム酒に最低1週間漬ける。

作り方

1. 卵白、砂糖、コーンスターチで、強いメレンゲを作っておく。
2. ボウルに卵黄、水、植物油、粉を入れ、練るように混ぜる。
3. 2にドライフルーツと細かく切ったクルミを加えて、軽く混ぜ合わせる。
4. 1のメレンゲを見直したら、3に同量くらいのメレンゲを合わせ、よく混ぜる。
5. メレンゲを再確認し、半量を4に加えてさっと混ぜる。
6. 残ったメレンゲを加えて、よく混ぜる。
7. 型に生地を流し入れ、160℃前後のオーブンで約30分（20cm型は約45分）焼く。
8. 焼き上がったら、型を軽くテーブルなどに打ちつけ、逆さにして、完全に熱が取れるまで置いておく。
9. 型から生地を取り出す A 。好みのサイズに切り分ける。

● 「ドライフルーツ」のはなし

ドライフルーツはお好みのものを細かく刻んで、最低1週間、ラム酒に漬けて使います。クルミを加えることで、食感にアクセントを出します。

Chapter 2 .Fruits Ciffon Cakes* 045

"干し柿とお茶のシフォン"

干し柿に合わせて、柿の葉茶を使いました。
生地にきれいな緑色が出ているのは、煎茶を加えているからです。

Recipe

材料

	(17cm型)	(20cm型)		(17cm型)	(20cm型)
卵白	110g	170g	植物油	40g	60g
グラニュー糖	60g	90g	薄力粉	60g	90g
コーンスターチ	6g	10g	挽いた柿の葉茶	3g	5g
			挽いた煎茶	3g	5g
卵黄	50g	80g	冷凍した干し柿	2個	3個
水	40g	60g			

作り方

1. 冷凍した干し柿を刻んで薄力粉（分量外）をまぶして冷凍しておく。
2. 卵白、砂糖、コーンスターチで、強いメレンゲを作っておく。
3. ボウルに卵黄、水、植物油、粉を入れ、練るように混ぜる。
4. 2のメレンゲを見直してから、3に同量くらいのメレンゲを合わせ、よく混ぜる。
5. メレンゲを再確認し、半量を4に加えてさっと混ぜる。
6. 残ったメレンゲを加えて、よく混ぜる。
7. 挽いた煎茶を3倍の水（分量外）で溶き、6の生地50g（20cm型の場合は80g）を加えてよく混ぜる。
8. 残り生地に1の干し柿を加え、全体に散らばるように混ぜる。
9. 7の生地を加え、2種類の生地を切るように軽く混ぜてマーブル状にする。型に流し入れて、160℃前後のオーブンで約35分（20cm型は約45分）焼く。
10. 焼き上がったら、型を軽くテーブルなどに打ちつけ、逆さにして、完全に熱が取れるまで置いておく。
11. 型から生地を取り出す A 。

● 「干し柿」のはなし

最近の干し柿は柔らかいものが多く、まだまだ水分が含まれています。ですから、ドライフルーツとは扱いが違い、冷凍させてから使った方が上手に焼けます。

"バナナのシフォン"

バナナの甘みを活かした、お子様にも大人気のシフォンです。

材料

	(17cm型)	(20cm型)
卵白	110g	170g
グラニュー糖	60g	90g
コーンスターチ	6g	10g
卵黄	50g	80g
水	20g	30g
植物油	40g	70g

	(17cm型)	(20cm型)
バナナ(つぶす用)	60g	90g
薄力粉	65g	100g
バナナ(粗く刻んだもの)	90g	140g
生クリーム	適量	適量
グラニュー糖	適量	適量
ミントの葉(飾り用)	適量	適量

作り方

1. 卵白、砂糖、コーンスターチで、強いメレンゲを作っておく。
2. 卵黄、水、油に、細かく刻んだバナナをつぶすようにして一緒に混ぜてから、粉を加えて練るように混ぜる。
3. 粉の粘りが出たら、粗く刻んだバナナを加えて軽く混ぜ合わせる。
4. 1のメレンゲの状態を見直してから、3の卵黄生地に、同量くらいのメレンゲを加えて混ぜ合わせる。次に残りのメレンゲをもう一度見直しして、よい状態にしてから加えて混ぜ合わせる。
5. 型に流し、160℃前後のオーブンで約40分(20cm型は約45分)焼く。
6. 焼き上がったら、オーブンから出して台に型の底を軽く打ちつけ、逆さにして冷ます。
7. 半日ほど生地を寝かせ、食べる時に型から外して切り分ける。グラニュー糖を加えて泡立てた生クリームを絞ってミントの葉を添える。

Chapter3

野菜

Vegetable Ciffon Cakes

プレーン生地に野菜を加えて色付けしたり、
角切りにして食感を活かしたりと
「野菜」を主役にしたシフォンです。
3色を合わせた華やかな「野菜シフォン」や
皮まで使ったコク深い「かぼちゃシフォン」など
店の定番も紹介します。

"野菜シフォン"

私の子供がまだ小さかった頃、生地の中に赤、黄　緑の3色が入ったパンがあって、そのきれいな色を気に入ってよく食べていました。この色味を、シフォンケーキでも出せないかと思い立ったことが考案のきっかけです。赤はトマト、黄はカボチャ、緑はホウレンソウを使うことに決定！ でも、味は？ 試作当初、色はきれいに出るのですが、味は3つの野菜が混ざった変な味になってしまいました。試行錯誤の末、レモンを加えると、野菜の独特な匂いが軽減するとわかったんです。こうして、色は野菜の色、味はレモンの味という野菜のシフォンケーキが誕生しました。

材料

	（17cm型）	（20cm型）
卵白	110g	170g
グラニュー糖	70g	110g
コーンスターチ	6g	10g
卵黄	50g	80g
水	40g	60g
植物油	40g	60g
レモン汁	12g	20g

	（17cm型）	（20cm型）
レモンの皮（すりおろし）	1/3個分	1/2個分
薄力粉	60g	90g
かぼちゃペースト	12g	20g
トマトペースト	6g	10g
ほうれん草ピューレ	9g	15g

作り方

1 卵白、砂糖、コーンスターチで強いメレンゲを作っておく。
2 ボウルに卵黄、水、油、レモン汁、レモンの皮を入れて混ぜてから、粉を加えて練るように混ぜる。
3 1のメレンゲの状態を見直してから、2の卵黄生地に、同量くらいのメレンゲを加えて混ぜ合わせる。次に残りのメレンゲをもう一度見直しして、よい状態にしてから加えて混ぜ合わせる。
4 3の生地は60g（20cm型は100g）ずつに分けて別々のボウルに移す。残りの生地は取っておく。
5 黄色の生地を作る。かぼちゃペーストに、4の小分けした生地を少量入れて混ぜ A 、馴染んだら残りの生地を加えてよく混ぜる B 。
6 5と同様の作業で、赤い生地はトマトペーストを C 、緑の生地はほうれん草ピューレを使って作る D 。
7 4で残しておいた白い生地（プレーン）を軽く混ぜてから、黄（かぼちゃ）、赤（トマト）、緑（ほうれん草）、白、の順で型に入れる。これを2～3回くりかえす E 。途中で型をゆすって空気を抜く。
8 160℃前後のオーブンで約35分（20cm型は約40分）焼く。
9 焼き上がったら、オーブンから出して台に型の底を軽く打ちつけ、逆さにして冷ます。
10 半日ほど生地を寝かせ、食べる時に型から外して切り分ける。

Chapter 3 . Vegetable Ciffon Cakes* 051

"かぼちゃのシフォン"

お店でも人気のかぼちゃのシフォンです。今回は、えびすかぼちゃを使って、鮮やかな黄色と、かぼちゃらしいコクのある味わいを表現してみました。かぼちゃは裏漉しと角切りを生地に合わせ、デコレーションのクリームにも裏漉しを使っています。角切りは皮ごと使って、皮の緑色をアクセントにしています。

Recipe

材料

	（17cm型）	（20cm型）
卵白	110g	170g
グラニュー糖	70g	110g
コーンスターチ	6g	10g
卵黄	50g	80g
牛乳	40g	60g
植物油	40g	60g
かぼちゃの裏ごし（※）	25g	40g
薄力粉	60g	90g
かぼちゃの角切り（※）	70g	120g

※かぼちゃの裏ごしとかぼちゃの角切りの作り方
かぼちゃは皮ごと茹でるか蒸して、黄色い部分を裏ごしする。残りを皮つきのまま角切りにしてラム酒をふる。

作り方

1. 卵白、砂糖、コーンスターチで強いメレンゲを作っておく。
2. ボウルに卵黄、牛乳、植物油、かぼちゃの裏ごしを入れA、混ぜて全体をなじませる。
3. 薄力粉を加えて同一方向に練るように混ぜる。
4. 1のメレンゲを見直してから、3に同量くらいのメレンゲを合わせ、よく混ぜる。
5. かぼちゃの角切りを4に加えて軽く混ぜ合わせる。
6. メレンゲを再確認し、半量を5に加えてさっと混ぜる。
7. 残ったメレンゲを加えて、よく混ぜる。
8. 型に生地を流し入れ、160℃前後のオーブンで約30分（20cm型は約45分）焼く。
9. 焼き上がったら、型を軽くテーブルなどに打ちつけ、逆さにして、完全に熱が取れるまで置いておく。

デコレーション用クリーム

材料

	（17cm型）	（20cm型）
生クリーム	140g	180g
グラニュー糖	12g	16g
かぼちゃの裏ごし（※）	50g	70g
かぼちゃの種	8個	10個

作り方

1. ボウルに生クリームとグラニュー糖を入れて氷水にあてて泡立て、かぼちゃペーストを加える。
2. 型から取り出した生地に1を塗る。かぼちゃの種を飾るB。

"紫芋のシフォン"

紫芋の紫色が目を引くシフォンです。デコレーションを工夫して華やかな色合いと紫芋の甘みを楽しんでください。紫芋はポリフェノールを含んでいるので、レモン汁を加えて生地の色を調整しましょう。

材料

	（17cm型）	（20cm型）
卵白	110g	170g
グラニュー糖	70g	110g
コーンスターチ	6g	10g
卵黄	50g	80g
水	50g	80g
植物油	40g	60g
レモン汁	7g	12g
紫芋の裏ごし（※）	60g	90g
薄力粉	60g	90g
紫芋の角切り（※）	80g	120g

※紫芋の裏ごしと紫芋の角切りの作り方
紫芋は皮ごと茹でるか蒸して、皮をむいて裏ごしたものと角切りにしたものを作る。

作り方

1. 卵白、砂糖、コーンスターチで強いメレンゲを作っておく。
2. ボウルに卵黄、水と紫芋の裏ごし**A**を合わせたもの、植物油、レモン汁を入れ、混ぜて全体をなじませる。
3. 薄力粉を加えて同一方向に練るように混ぜる。紫芋の角切りを加え、軽く混ぜる。
4. 1のメレンゲを見直してから、3に同量くらいのメレンゲを合わせ、よく混ぜる。
5. メレンゲを再確認し、半量を4に加えてさっと混ぜる。
6. 残ったメレンゲを加えて、よく混ぜる。
7. 型に生地を流し入れ、160℃前後のオーブンで約35分（20cm型は約50分）焼く。
8. 焼き上がったら、型を軽くテーブルなどに打ちつけ、逆さにして、完全に熱が取れるまで置いておく。

A

B

デコレーション用クリーム

材料

	（17cm型）	（20cm型）
生クリーム	100g	180g
グラニュー糖	10g	16g
*紫芋クリーム		
紫芋の裏ごし	30g	50g
牛乳	25g	40g
グラニュー糖	3g	5g

作り方

1. ボウルに生クリームとグラニュー糖を入れて氷水にあてて泡立てる。
2. 紫芋クリームを作る。紫芋の裏ごし、牛乳、グラニュー糖を熱めに温め、裏漉しして冷まし、1のクリーム20gを加えて混ぜ合わせる。
3. シフォンのまわりに1と2をバランスよく塗る**B**。

Chapter 3 .Vegetable Ciffon Cakes* 055

"ごまとルッコラのシフォン"

ごまの味がするルッコラ入りの生地にごまをトッピング。
さらにごま油も使った、"ごまづくし"のシフォンです。

Recipe

材料

	（17cm型）	（20cm型）
卵白	110g	170g
グラニュー糖	70g	110g
コーンスターチ	6g	10g
卵黄	40g	80g
水	40g	60g
植物油	37g	55g
ごま油	3g	5g
薄力粉	65g	100g
ルッコラ	15g	25g
黒ごま	4g	7g
白ごま	4g	7g

作り方

1. 卵白、砂糖、コーンスターチで強いメレンゲを作っておく。
2. ボウルに卵黄、水、植物油、ごま油、粉を入れ、同一方向に練るように混ぜる。
3. 2に刻んだルッコラを入れて軽く混ぜる。
4. 1のメレンゲを見直してから、3に同量くらいのメレンゲを合わせ、よく混ぜる。
5. メレンゲを再確認し、半量を4に加えてさっと混ぜる。
6. 残ったメレンゲを加えて、よく混ぜる。
7. 型に生地を流し入れ、表面に白と黒のごまを散らして、160℃前後のオーブンで約25分（20cm型は約40分）焼く。
8. 焼き上がったら、型を軽くテーブルなどに打ちつけ、逆さにして、完全に熱が取れるまで置いておく。
9. 型から生地を取り出す A 。好みのサイズに切り分ける。

A

● 「ルッコラ、ごま」のはなし

イタリア料理に使うルッコラ。ごまの味がする野菜として、ポピュラーになりました。ルッコラは生のまま使っても、きれいな色が出ます。ごまは存在感を出すために、生地に練り込まず、トッピングとして使いました。

Chapter 3 .Vegetable Ciffon Cakes* 057

"さつま芋のシフォン"

さつま芋はシフォンケーキに入れても、自然の甘味がでておいしいです。さつま芋はシロップ煮にして使うので、身のしっかりとしている「紅あずま」をいつも使っています。シロップ煮にする時、シロップにレモンを入れることでさつま芋が色よく仕上がりますよ。

Recipe

材料

	（17cm型）	（20cm型）
卵白	110g	170g
グラニュー糖	70g	110g
コーンスターチ	6g	10g
卵黄	50g	80g
水	50g	80g

	（17cm型）	（20cm型）
植物油	40g	60g
さつま芋の裏ごし（※）	60g	90g
薄力粉	60g	90g
さつま芋のシロップ煮の角切り（※）	100g	150g

※さつま芋の裏ごしとさつま芋のシロップ煮の角切りの作り方
さつま芋は皮ごと適当な厚みに切り、水にさらしてアクをとる。水100gに対してグラニュー糖40gを合わせて作ったシロップに、レモンの皮を入れてさつま芋を煮るA。柔らかくなったら、シロップごと冷まして保存する。使用する時、汁気を軽くペーパーで拭き取ってから角切りにし、好みでラム酒を少々ふりかけるB。裏ごしは皮をとって、身だけを裏ごす。

作り方

1. 卵白、砂糖、コーンスターチで強いメレンゲを作っておく。
2. ボウルに卵黄、水、植物油、さつま芋の裏ごしを入れ、混ぜて全体をなじませる。
3. 薄力粉を加えて同一方向に練るように混ぜる。
4. さつま芋の角切りを加えて、軽く混ぜ合わせる。
5. 1のメレンゲを見直してから、4に同量くらいのメレンゲを合わせ、よく混ぜる。
6. メレンゲを再確認し、半量を5に加えてさっと混ぜる。
7. 残ったメレンゲを加えて、よく混ぜる。
8. 型に生地を流し入れ、160℃前後のオーブンで約35分（20cm型は約50分）焼く。
9. 焼き上がったら、型を軽くテーブルなどに打ちつけ、逆さにして、完全に熱が取れるまで置いておく。

デコレーション用クリーム

材料

	（17cm型）	（20cm型）
生クリーム	140g	200g
グラニュー糖	12g	18g
ラム酒	2g	3g
さつま芋のシロップ煮	少々	少々

作り方

1. ボウルに生クリームとグラニュー糖を入れて氷水にあてて泡立て、ラム酒を加える。
2. 型から取り出した生地に1を塗る。さつま芋のシロップ煮をそぼろ状にしたものと、さつま芋のシロップ煮の皮を飾るC。

Chapter 3 .Vegetable Ciffon Cakes* 059

"人参のシフォン"

人参を粗めにすりおろして生地に加えると、人参が全体に散ってほんのりとオレンジ色に色付きます。また、生地に、レモン汁やレモンの皮を加えることで人参の独特な匂いがやわらぎ、すっきりとした後味に。

Recipe

材料

	（17cm型）	（20cm型）
卵白	110g	170g
グラニュー糖	70g	110g
コーンスターチ	6g	10g
卵黄	50g	80g
水	30g	50g
油	40g	60g

	（17cm型）	（20cm型）
レモン皮（すりおろし）	1/3個	1/2個
レモン汁	10g	15g
薄力粉	65g	100g
人参（すりおろし）	70g	120g

作り方

1. 人参はすりおろし、レモン汁を加える A 。
2. 卵白、砂糖、コーンスターチで強いメレンゲを作っておく。
3. 卵黄、水、油、レモン汁、レモンの皮、1の人参を軽く混ぜてから B 、粉を加えて練るように混ぜる。
4. 2のメレンゲの状態を見直してから、3の卵黄生地に、同量くらいのメレンゲを加えて混ぜ合わせる C 。次に残りのメレンゲをもう一度見直しして、よい状態にしてから加えて混ぜ合わせる D 。
5. 型に流し、160℃前後のオーブンで約35分（20cm型は約40分）焼く。
6. 焼き上がったら、オーブンから出して台に型の底を軽く打ちつけ、逆さにして冷ます。
7. 半日ほど生地を寝かせ、食べるときに型から外して切り分ける。

Chapter 3 .Vegetable Ciffon Cakes*

"生姜のシフォン"

以前とは違うレシピで、生姜のシフォンケーキを作ろうと試行錯誤している際、「蜂蜜漬けの生姜湯を飲んだ後に、残った生姜をシフォンに使ったらおいしかった」という元生徒さんの声を聞き、それをヒントに作ってみました。生姜のシャキシャキ感と、爽やかな風味が楽しい一品です。

Recipe

材料

	（17cm型）	（20cm型）		（17cm型）	（20cm型）
卵白	110g	170g	植物油	40g	60g
グラニュー糖	70g	110g	生姜の漬け汁	6g	10g
コーンスターチ	6g	10g	薄力粉	60g	90g
			生姜(刻んだもの)	40g	60g
卵黄	50g	80g			
水	40g	60g	漬け込み用の蜂蜜	適量	適量

作り方

1. 生姜はみじん切りにし、電子レンジで少し熱めに温めてすぐに生姜が浸かる程度の蜂蜜に漬けて、2〜3日置く。使う前に、茶こしなどで生姜の漬け汁をきり、浸け汁はとっておく。
2. 卵白、砂糖、コーンスターチで強いメレンゲを作っておく。
3. 卵黄、水、油に1の生姜の漬け汁を注ぎ A 、軽く混ぜてから、粉を加えて練るように混ぜる B 。
4. 粉の粘りが出たら、1の生姜を加え、軽く混ぜる C 。
5. 2のメレンゲの状態を見直してから、4の卵黄生地に、同量くらいのメレンゲを加えて混ぜ合わせる。次に残りのメレンゲをもう一度見直してよい状態にしてから加えて混ぜ合わせる。
6. 型に流し、160℃前後のオーブンで約35分（20cm型は約40分）焼く。
7. 焼き上がったら、オーブンから出して台に型の底を軽く打ちつけ、逆さにして冷ます。
8. 半日ほど生地を寝かせ、食べる時に型から外して切り分ける。

Chapter 3 .Vegetable Chiffon Cakes* 063

アレンジ編 "レイヤー シフォン"

アメリカへ行った時、背の高いケーキがあったので興味深く見てみると、「レイヤーケーキ」と書いてありました。レイヤーとは英語で「層」の意味で、「クリームと生地のスポンジを層状に重ねてあるケーキ」のことだそうです。それをヒントに、シフォン生地を使ってアレンジした2品です。ほかに、かぼちゃ＋シナモン、フランボワーズ＋チョコなどの組み合わせもおすすめです。

「苺ショート」

幼い頃、お土産で買ってもらった「ショートケーキ」が大好きでした。今でもこの苺ショートが一番好きです！

【材料】
プレーンシフォン生地（17cm型、p14-19参照）1台分／生クリーム３００ｇ／グラニュー糖２７ｇ／苺1パック／ミントの葉 適量

【作り方】
1. プレーンシフォン生地は、横に3等分にする。
2. 苺は1/2または1/3程度にカットする。
3. 生クリームと砂糖はボウルに入れ、氷水にあてながら泡立てる。
4. 1の生地の上に固めに立てた3を薄めに塗り、2のカットした苺をちらし、その上に3を苺が隠れるくらい塗り、1の生地をのせる。これを繰り返し、3層にする。最後に軽く上からおさえ、生地を落ち着かせる。
5. 生地全体を3のクリームで覆い、半分にカットした苺をのせてミントを飾る。好みのサイズにカットする。

「チョコレート＆コーヒー＆シナモン」

コーヒー生地とシナモン生地の間に、コーヒークリームとチョコクリームを挟みました。

【材料】
コーヒーシフォン生地（20cm型、p73参照）1cmスライス3枚／シナモンシフォン生地（20cm型、p75参照）1cmスライス3枚／ コーヒークリーム（生クリーム200ｇ、グラニュー糖18ｇ、インスタントコーヒー（同量の水で溶いておく）2ｇ／チョコレートクリーム（生クリーム200ｇ、チョコレート90ｇ）／コーヒーチョコ適量

【作り方】
1. コーヒークリームを作る。生クリームと砂糖はボウルに入れ、氷水にあてながら泡立てる。ややゆるめに泡立てたら、インスタントコーヒーを加えてさらに泡立てる。
2. チョコレートクリームを作る。チョコレートは細かく刻んでボウルに入れ、沸騰させた生クリームを少しずつ注ぎながら、円を描くように混ぜる。生クリームが全部入ったら氷水にあてて熱を取り、冷めてから泡立てる。
3. シナモンシフォン生地の上に2のクリームを塗り、コーヒーシフォン生地をのせ、さらに1のクリームを塗り、シナモンシフォン生地をのせる。これを繰り返す。シフォンの表面全体に、2のクリームを塗る。
4. 上面に、1のクリームをアクセントに塗り、コーヒーチョコを飾る。

Chapter4

香りの素材、
ナッツ類、その他

Flavor ,Nuts and Other
Ciffon Cakes

果物や野菜のほか、香りの素材を合わせると、
またひと味違った特別感が楽しめます。
私がはじめて教わった思い出の「シナモンシフォン」を
はじめ、紅茶、コーヒー、ナッツ類など
シフォンと相性のよい素材を紹介します。

>>>Flavor Ciffon Cakes

"お茶のシフォン"

抹茶のほか、細かく粉末状にひいた新茶(煎茶)を使ったシフォンです。食べた瞬間にお茶の香りが広がります。茶葉に含まれる渋(カテキン)によってたんぱく質(グルテン)が壊されると、弾力のない生地になってしまうため、生地は「軽く混ぜる」ことがポイント。抹茶を水で溶く際も、勢いよく練らないで、水に浸す程度にしましょう。

材料

	（17cm型）	（20cm型）		（17cm型）	（20cm型）
卵白	110g	170g	植物油	40g	60g
グラニュー糖	70g	110g	薄力粉	60g	90g
コーンスターチ	6g	10g			
			煎茶（ミルで口に当たらない程度にひいたもの）		
抹茶	5g	8g		5g	8g
レモン汁	2g	3g			
			生クリーム	適量	適量
卵黄	50g	80g	グラニュー糖	適量	適量
水	40g	60g	抹茶(飾り用)	適量	適量

作り方

1. 卵白、砂糖とコーンスターチで、強いメレンゲを作っておく。
2. 抹茶は茶こしでふるってダマを除いてから A 、約3倍の水（分量外）に浸して馴染ませる。
3. ボウルに卵黄、水、油　粉を入れ、練るように混ぜる。
4. 1のメレンゲの状態を見直してから、3の卵黄生地に、同量くらいのメレンゲを加えて混ぜる。次に残りのメレンゲをもう一度見直しして、よい状態にしてから加えて混ぜる。ここではメレンゲの白い部分が少し残っている状態で止める B 。
5. 2の抹茶に4を少し取り、軽く混ぜて馴染ませたら C 、残りのメレンゲに加えて軽く混ぜる D E 。白い部分が少し残っているうちに、細かくひいた煎茶を加えてよく混ぜ合わせる。
6. 型に流し、160℃前後のオーブンで約35分（20cm型は約40分）焼く。
7. 焼き上がったら、オーブンから出して台に型の底を軽く打ちつけ、逆さにして冷ます。
8. 半日ほど生地を寝かせ、食べる時に型から外して切り分ける。皿に盛り、グラニュー糖を加えて泡立てた生クリームを添え、抹茶をふる。

Chapter 4 .Flavor Chiffon Cakes* 067

"ジャスミンティのシフォン"

ジャスミンのフローラルの香りと、くこの実のほんのりとした甘さがよく合います。茶葉は家庭用ミル（粉砕機）を使ってごく細かい状態にしてから加える点がポイントです。口に残らない程度まで粉砕し、シフォン生地のなめらかな食感とともに、ジャスミンの香りを楽しんでください。

Recipe

材料

	(17cm型)	(20cm型)
卵白	110g	170g
グラニュー糖	70g	90g
コーンスターチ	6g	10g
卵黄	50g	80g
水	40g	60g
植物油	40g	60g
薄力粉	60g	90g

	(17cm型)	(20cm型)
くこの実※	80g	120g
ジャスミンの茶葉(ミルで口に当たらない程度にひいたもの A)	8g	10g

※くこの実の下処理
くこの実は、実が浸るくらいのシロップ(水100g、グラニュー糖40g)にひと晩漬けておく B 。実が大きめな場合は、生地に加える際に刻んでから使うと口当たりがよくなる。

作り方

1. 卵白、砂糖、コーンスターチで強いメレンゲを作っておく。
2. ボウルに卵黄、水、植物油、粉を加えて一定方向に練るように混ぜる。
3. 粉の粘りがでたら、汁気をきったくこの実を加えて軽く混ぜる C 。
4. 1のメレンゲの状態を見直してから、3の卵黄生地と同量くらいのメレンゲを加え、白い部分が見えなくなるまで混ぜる。
5. 4に、粉末状の茶葉を加えて混ぜる D 。
6. 残りのメレンゲをもう一度見直ししてよい状態にし、半量のメレンゲを加えて混ぜる。メレンゲの白い部分が残っているうちに、残りのメレンゲを加えてよく混ぜる E 。
7. 型に流し、160℃前後のオーブンで約30分(20cm型は約35分)焼く。
8. 焼き上がったら、オーブンから出して台に型の底を軽く打ちつけ、逆さにして冷ます。
9. 半日ほど生地を寝かせ、型から外す。

デコレーション用クリーム

材料	(17cm型)	(20cm型)
生クリーム	140g	200g
グラニュー糖	12g	18g
くこの実※	適量	適量
ジャスミンの茶葉(飾り用)	適量	適量

作り方
1. ボウルに生クリーム、グラニュー糖を入れ、氷水にあてながら泡立てる。
2. 型から取り外した生地の表面に、1を塗る。汁気を拭き取ったくこの実とジャスミンの茶葉を上部に飾る F 。

Chapter 4 .Flavor Ciffon Cakes* 069

>>>Flavor Chiffon Cakes

"紅茶のシフォン"

香りのある紅茶といえばアールグレイが定番になっていますが、私は違うものがほしくて探していたところ、スウェーデンのブレンドティーに出会いました。乾燥したフルーツや花が入っていて、香料ではない「自然の甘い香り」が気に入っています。細かく挽いた茶葉をそのまま生地に入れるため、水分がなく作りやすいシフォンケーキです。

Recipe

材料

	（17cm型）	（20cm型）		（17cm型）	（20cm型）
卵白	110g	170g	植物油	40g	60g
グラニュー糖	70g	110g	薄力粉	60g	90g
コーンスターチ	6g	10g			
卵黄	50g	70g	紅茶の葉	5g	8g
水	40g	60g			

作り方

1. 紅茶の葉は、ミルで口に当たらない程度にひいておく。
2. 卵白、砂糖とコーンスターチで、強いメレンゲを作っておく。
3. ボウルに卵黄、水、油、粉を入れ、練るように混ぜる A 。
4. 1の紅茶の葉を加え、ゴムベラを使って混ぜ合わせる B 。
5. 2のメレンゲの状態を見直してから4の卵黄生地に同量くらいのメレンゲを加えて混ぜる。次に残りのメレンゲをもう一度見直しして、よい状態にしてから加えて混ぜ合わせる。
6. 型に流し、160℃前後のオーブンで約30分（20cm型は約35分）焼く。
7. 焼き上がったら、オーブンから出して台に型の底を軽く打ちつけ、型を逆さにして冷ます。
8. 半日ほど生地を寝かせ、型から外す。

デコレーション用クリーム

材料	（17cm型）	（20cm型）
生クリーム	140g	200g
砂糖	12g	18g
紅茶の葉(飾り用)	少々	少々

作り方

1. ボウルに生クリーム、砂糖を入れ、氷水にあてながら泡立てる。
2. 1をシフォンの表面に塗る。
3. 紅茶の葉を飾る。

Chapter 4. Flavor Ciffon Cakes* 071

>>>Flavor Chiffon Cakes

♛
"コーヒーのシフォン"

インスタントコーヒーを使ったマーブル模様のシフォンです。コーヒー豆から抽出したコーヒーの場合、生地に加える水分量には限度があるため、色やコーヒーの風味を出しにくいのですが、インスタントコーヒーは、水分がなく濃縮されているので、色の濃度や味を調節しやすくて便利です。

Recipe

材料

	（17cm型）	（20cm型）
卵白	110g	170g
グラニュー糖	70g	110g
コーンスターチ	6g	10g
卵黄	50g	80g
水	40g	60g
植物油	40g	60g

	（17cm型）	（20cm型）
インスタントコーヒー（卵黄生地用）	2g	3g
薄力粉	60g	90g
インスタントコーヒー	3g	5g
水	3g	5g

作り方

1. 卵白、砂糖とコーンスターチで、強いメレンゲを作っておく。
2. 別に用意した3g（20cm型は5g）のインスタントコーヒーは、同量の水で溶いておく。
3. ボウルに卵黄、水、油、2g（20cm型は3g）のインスタントコーヒーを入れて軽く混ぜたあと、粉を加えて練るように混ぜる。
4. 1のメレンゲの状態を見直して、3の卵黄生地に同量くらいのメレンゲを加えて混ぜる A。次に残りのメレンゲをもう一度見直して、よい状態にしてから加えて混ぜ合わせる B。
5. 4の生地から、120g（20cm型は200g）を取り出す。残りは取っておく。
6. 2の溶いておいたコーヒーに、5で取り出した生地を加えて混ぜる C。
7. 5で残しておいた生地をもう一度軽く混ぜ、6の生地を加え、切るようにして3〜4回混ぜる D。完全に混ぜ合わせないよう注意する。
8. 型に流し E、160℃前後のオーブンで約30分（20cm型は約35分）焼く。
9. 焼き上がったら、オーブンから出して台に型の底を軽く打ちつけ、逆さにして冷ます。
10. 半日ほど生地を寝かせ、食べる時に型から外して切り分ける。

Chapter 4 .Flavor Ciffon Cakes* 073

>>>Flavor Ciffon Cakes

"シナモンシフォン"

私が一番最初に教わったシフォンケーキが、このシナモンシフォンです。初めて作るシフォンケーキにワクワクしたものです。シナモンパウダーは、薄力粉と同じく「粉」として扱うことができるので、比較的作りやすいシフォンです。シナモンパウダー以外にも、油脂成分を含まないパウダー状の香辛料ならば、生地と混合しやすいです。

Recipe

材料

	（17cm型）	（20cm型）		（17cm型）	（20cm型）
卵白	110g	170g	水	40g	60g
グラニュー糖	70g	110g	植物油	40g	60g
コーンスターチ	6g	10g	薄力粉	60g	90g
			シナモンパウダー	4g	7g
卵黄	50g	80g			

作り方

1. 卵白、砂糖とコーンスターチで、強いメレンゲを作っておく。
2. ボウルに卵黄、水、油、粉を入れて練るように混ぜる A。
3. 粉の粘りが出たら、シナモンパウダーを加えて混ぜ合わせる。ボウルの縁に飛び散りやすいので、ゴムベラで寄せながら均等に混ぜる B・C。
4. 1のメレンゲの状態を見直してから、3の卵黄生地に同量くらいのメレンゲを加えて混ぜ合わせる。次に残りのメレンゲをもう一度見直しして、よい状態にしてから加えて混ぜ合わせる。
5. 型に流し、160℃前後のオーブンで約30分（20cm型は約35分）焼く。
6. 焼き上がったら、オーブンから出して台に型の底を軽く打ちつけ、逆さにして冷ます。
7. 半日ほど生地を寝かせ、型から外す。

デコレーション用クリーム

材料

	（17cm型）	（20cm型）
生クリーム	140g	200g
グラニュー糖	12g	18g
シナモンパウダー	0.7g	1.2g
シナモンパウダー（飾り用）	適量	適量

作り方

1. ボウルに生クリーム、砂糖を入れ、氷水にあてながらやわらかめに泡立てる。
2. シナモンパウダーを加えて混ぜ、シフォンの表面に塗る。
3. 飾りとして、シナモンパウダーを上部にふる。

>>> Flavor Chiffon Cakes

"ローズのシフォン"

"バラの国"ブルガリア産の食用花びら(乾燥)を使った優雅なシフォンケーキです。
天然のバラの香りを活かし、添加物を使っていないので、安心して食べることができます。

Recipe

材料

	（17cm型）	（20cm型）		（17cm型）	（20cm型）
卵白	110g	170g	植物油	40g	60g
グラニュー糖	70g	110g	薄力粉	60g	90g
コーンスターチ	6g	10g	バラの花びら（食用）※	5g	8g
卵黄	50g	80g			
水	40g	60g			

＊ミルで口に当たらない程度にひいたもの

作り方

1. 卵白、砂糖、コーンスターチで強いメレンゲを作っておく。
2. ボウルに卵黄、水、植物油、粉を入れ、同一方向に練るように混ぜる。
3. バラの花びらを加えて、さっと混ぜる。
4. 1のメレンゲの状態を見直してから、3に同量くらいのメレンゲを合わせ、よく混ぜる。
5. メレンゲを再確認し、半量を4に加えてさっと混ぜる。
6. 残ったメレンゲを加えて、よく混ぜる。
7. 型に生地を流し入れ、160℃前後のオーブンで約30分（20cm型は約45分）焼く
8. 焼き上がったら、型を軽くテーブルなどに打ちつけ、逆さにして、完全に熱が取れるまで置いておく。

デコレーション用クリーム

材料

	（17cm型）	（20cm型）
生クリーム	140g	200g
グラニュー糖	12g	18g
バラの花びら（食用）	少々	少々

作り方

1. ボウルに生クリームとグラニュー糖を入れて氷水にあてて泡立てる。
2. 型から取り出した生地に1を塗る。上部と側面にバラの花びらを飾るA。

A

Chapter 4 .Flavor Ciffon Cakes*

>>>Flavor Chiffon Cakes

"さくらのシフォン"

春の香りが口に広がる和のシフォンケーキです。
あえてデコレーションをせず、桜の香りを楽しみます。

078

Recipe

材料

	（17cm型）	（20cm型）
卵白	110g	170g
グラニュー糖	70g	110g
コーンスターチ	6g	10g
卵黄	50g	80g
桜の葉の漬け汁	35g	50g
植物油	40g	60g
薄力粉	65g	100g

	（17cm型）	（20cm型）
桜の花の塩漬け（※）	20g	30g
桜の葉（※）	20g	30g
桜の花の塩漬け（飾り用※）	少々	少々

※桜の花の塩漬けと桜の葉は別々に塩抜きしてから使う。上記の分量は塩抜きした後に水気をとったもの。

作り方

1. 卵白、砂糖、コーンスターチで強いメレンゲを作っておく。
2. ボウルに卵黄、桜の葉の漬け汁、植物油を入れて軽く混ぜ、全体をなじませる。
3. 2に粉を加えて同一方向に練るように混ぜる。
4. 細かく刻んだ桜の葉と桜の花を加えて、軽く混ぜ合わせる。
5. 1のメレンゲの状態を見直してから、4に同量くらいのメレンゲを合わせ、よく混ぜる。
6. メレンゲを再確認し、半量を5に加えてさっと混ぜる。
7. 残ったメレンゲを加えて、よく混ぜる。
8. 型にの内側に桜の花を貼って生地を流し入れ、160℃前後のオーブンで約30分（20cm型は約40分）焼く。
9. 焼き上がったら、型を軽くテーブルなどに打ちつけ、逆さにして、完全に熱が取れるまで置いておく。
10. 型から生地を取り出す A 。

A

● 「さくら」のはなし

桜の葉は桜餅に、桜の花はおめでたい席での桜茶などにして使うことが知られていますが、シフォンケーキに入れてもおいしくいただけます。塩抜きはほんのりと塩気が残る程度が目安です。

Chapter 4 . Flavor Ciffon Cakes * 079

>>>Other Chiffon Cakes

"チョコレートシフォン"

ココアパウダーを生地に使ったシフォンです。まるで、生地内にチョコレートを加えているかのように、満足感のある濃厚さが特徴です。卵黄生地に加える水は80℃程度のお湯を使うと混合しやすく、乳化がスムーズです。メレンゲを合わせる際も、卵黄生地がほんのりと温かいうちに混合しましょう。

Recipe

材料

	（17cm型）	（20cm型）		（17cm型）	（20cm型）
卵白	110g	170g	植物油	40g	60g
グラニュー糖	70g	110g	湯(約80℃)	60g	80g
コーンスターチ	6g	10g	ココア	25g	35g
卵黄	50g	80g	薄力粉	50g	70g

作り方

1. 卵白、砂糖、コーンスターチで強いメレンゲを作っておく。
2. 卵黄、油、湯、粉とココアをボウルに入れ、冷めないうちに練るように混ぜる A・B・C。
3. ほんのりと温度が残っているうちに、1のメレンゲの状態を見直して2の卵黄生地に同量くらいのメレンゲを加えて混ぜる。次に残りのメレンゲをもう一度見直して、よい状態にしてから加えて混ぜ合わせる。
4. 型に流し、160℃前後のオーブンで約35分（20cm型は約40分）焼く。
5. 焼き上がったら、オーブンから出して台に型の底を軽く打ちつけ、逆さにして冷ます。
6. 生地を半日ほど寝かせ、型から外す。

デコレーション用クリーム

材料

	（17cm型）	（20cm型）
生クリーム	140g	200g
グラニュー糖	12g	18g
チョコレート	適量	適量

作り方

1. 生クリームに砂糖を入れて氷水にあてながら泡立てる。（好みでリキュール類を加える）
2. 1をシフォンの表面に塗り、削ったチョコレートを飾る。

Chapter 4 .Other Chiffon Cakes*

>>>Nuts Ciffon Cakes

"チョコナッツのシフォン"

チョコレート入りの生地にナッツをトッピング。
フワフワの生地とナッツのカリカリ感が楽しい一品です。

Recipe

材料

	（17cm型）	（20cm型）		（17cm型）	（20cm型）
卵白	110g	170g	薄力粉	50g	70g
グラニュー糖	70g	110g	チョコチップ	50g	80g
コーンスターチ	6g	10g			
			クルミ	15g	25g
卵黄	50g	80g	アーモンド	15g	25g
湯(約80℃)	60g	80g	カシューナッツ	15g	25g
植物油	40g	60g	ピスタチオ	3g	5g
ココアパウダー	25g	35g			

作り方

1. 卵白、砂糖、コーンスターチで強いメレンゲを作っておく。
2. ボウルに卵黄、湯、ココアパウダー、植物油を入れて軽く混ぜ、全体をなじませる。
3. 2に粉を加えて同一方向に練るように混ぜる。
4. 1のメレンゲの状態を見直してから、3に同量くらいのメレンゲを合わせ、よく混ぜる。
5. メレンゲを再確認し、半量を4に加えてさっと混ぜる。
6. 残ったメレンゲを加えて、よく混ぜる。
7. チョコチップを加えて、軽く混ぜ合わせる。
8. 型に生地を流し入れ、表面にナッツ類をトッピングして160℃前後のオーブンで約35分（20cm型は約45分）焼く。
9. 焼き上がったら、型を軽くテーブルなどに打ちつけ、逆さにして、完全に熱が取れるまで置いておく。
10. 型から生地を取り出す A 。

● 「チョコレート」のはなし

シフォンに加えるチョコレートのサイズは、大きすぎると下に沈みやすく、小さすぎると生地と一体化して食感を失います。目安は5〜7mm角ぐらい。種類はビターでも、スイートでもお好みで。

Chapter 4 . Nuts Ciffon Cakes* 083

>>>Nuts Ciffon Cakes

"ピーナッツのシフォン"

ピーナッツペーストで生地全体に味をつけ、ピーナッツだけでなく数種のナッツを合わせることで、味と食感に変化を出しました。また、植物油の代わりに、ピーナッツ油を使っています。口いっぱいにピーナッツの風味が広がる香ばしいシフォンです。

材料

	（17cm型）	（20cm型）		（17cm型）	（20cm型）
卵白	110g	170g	薄力粉	60g	90g
グラニュー糖	70g	110g			
コーンスターチ	10g	5g	クルミ	15g	25g
			カシューナッツ	15g	25g
卵黄	50g	80g	ピスタチオ	6g	10g
水	40g	60g	ピーナッツ	15g	25g
ピーナッツペースト	65g	100g			
ピーナッツ油	40g	60g			

作り方

1. 卵白、砂糖、コーンスターチで強いメレンゲを作っておく。
2. ボウルに卵黄、水、ピーナッツペースト、ピーナッツ油を入れて軽く混ぜ、全体をなじませる。
3. 2に粉を加えて同一方向に練るように混ぜる。
4. 細かく切ったクルミ、カシューナッツ、ピスタチオ、ピーナッツを加えて、軽く混ぜ合わせる。
5. 1のメレンゲの状態を見直してから、4に同量くらいのメレンゲを合わせ、よく混ぜる。
6. メレンゲを再確認し、半量を5に加えてさっと混ぜる。
7. 残ったメレンゲを加えて、よく混ぜる。
8. 型に生地を流し入れ、160℃前後のオーブンで約35分（20cm型は約45分）焼く。
9. 焼き上がったら、型を軽くテーブルなどに打ちつけ、逆さにして、完全に熱が取れるまで置いておく。

デコレーション用クリーム

材料	（17cm型）	（20cm型）
カシューナッツ	30g	50g
ピスタチオ	6g	10g
ピーナッツクランチ	20g	30g
グラニュー糖	適量	適量

作り方

1. 鍋にグラニュー糖を入れて火にかけ、グラニュー糖が溶けて色がついたら、火から下ろしてナッツ類をからめて A 取り出す。ピーナッツクランチに残りの飴をかけて固める。
2. 型から取り出した生地に、1のナッツを飾る B 。

Chapter 4. Nuts Chiffon Cakes* 085

>>>Other Chiffon Cakes

"小豆ときなこのシフォン"

「茹で小豆」と「きなこ」という和菓子の食材が、意外にもシフォンケーキによく合います。茹で小豆は手軽な缶詰を、きなこは煎りが深くて香りのよいものを選びました。デコレーションのクリームに好みできなこを混ぜてもおいしいです。

Recipe

材料

	(17cm型)	(20cm型)		(17cm型)	(20cm型)
卵白	110g	170g	水	40g	60g
グラニュー糖	70g	110g	植物油	40g	60g
コーンスターチ	6g	10g	薄力粉	50g	80g
			焦がしきなこ	13g	20g
卵黄	50g	80g	茹で小豆	70g	120g

作り方

1. 卵白、砂糖、コーンスターチで強いメレンゲを作っておく。
2. ボウルに卵黄、水、植物油、粉を入れ、練るように混ぜる。
3. 粉の粘りが出たら、焦がしきな粉を加えて同一方向に混ぜる。
4. 水気を切った茹で小豆を加えて、軽く混ぜ合わせる。
5. 1のメレンゲの状態を見直してから、4に同量くらいのメレンゲを合わせ、よく混ぜる。
6. メレンゲを再確認し、半量を5に加えてさっと混ぜる。
7. 残ったメレンゲを加えて、よく混ぜる。
8. 型に生地を流し入れ、160℃前後のオーブンで約30分（20cm型は約40分）焼く。
9. 焼き上がったら、型を軽くテーブルなどに打ちつけ、逆さにして、完全に熱が取れるまで置いておく。

デコレーション用クリーム

材料

	(17cm型)	(20cm型)
生クリーム	140g	200g
グラニュー糖	12g	18g
焦がしきなこ	少々	少々
茹で小豆	少々	少々

作り方

1. ボウルに生クリームとグラニュー糖を入れ、氷水にあてて泡立てる。
2. 型から取り出した生地に1を塗る。焦がしきなこをふって、茹で小豆を飾る A 。

>>>Other Chiffon Cakes

"栗のシフォン"

モンブランをイメージしてデコレーションしたシフォンです。生地に、栗の味を強く出すために、マロンピューレとマロンペーストを合わせて使っています。

Recipe

材料

	(17cm型)	(20cm型)		(17cm型)	(20cm型)
卵白	110g	170g	植物油	40g	60g
グラニュー糖	60g	90g	マロンペースト	40g	60g
コーンスターチ	6g	10g	マロンピューレ	40g	60g
			薄力粉	60g	90g
卵黄	50g	80g	栗の渋皮煮	100g	150g
水	40g	60g			

作り方

1. 卵白、砂糖、コーンスターチで強いメレンゲを作っておく。
2. ボウルに卵黄、水、植物油、グリオットの漬け汁を入れて軽く混ぜる。
3. マロンペーストAとマロンピューレBは混ぜ合わせて温め、2を少しずつ加えて混ぜる。（完全に混ざらなくてもよい）
4. 薄力粉を加えて同一方向に練るように混ぜる。
5. 栗の粗みじん切りを入れて、軽く混ぜる。
6. 1のメレンゲの状態を見直してから、5に同量くらいのメレンゲを合わせ、よく混ぜる。
7. メレンゲを再確認し、半量を6に加えてさっと混ぜる。
8. 残ったメレンゲを加えて、よく混ぜる。
9. 型に生地を流し入れ、160℃前後のオーブンで約40分（20cm型は約50分）焼く。
10. 焼き上がったら、型を軽くテーブルなどに打ちつけ、逆さにして、完全に熱が取れるまで置いておく。

デコレーション用クリーム

材料	(17cm型)	(20cm型)
生クリーム	110g	180g
グラニュー糖	10g	16g
マロンペースト	30g	50g
マロンピューレ	30g	50g
牛乳	15g	25g
栗の渋皮煮	適量	適量

作り方

1. ボウルに生クリームとグラニュー糖を入れ、氷水にあてて泡立てる。
2. マロンクリームを作る。マロンピューレ、マロンペースト、牛乳を電子レンジで温めてからよく混ぜ、温かいうちに裏漉す。冷めたら、1のクリーム15g（17cm型の場合、25g）と混ぜ合わせる。
3. 型から取り出した生地に1を塗る。上部に2を絞り、栗の渋皮煮を飾るC。

Chapter 4. Other Ciffon Cakes* 089

>>>Other Chiffon Cakes

"チーズのシフォン"

エダムチーズを使ったコク深いシフォンです。
型抜きしたシフォンの表面をさっと焼くとチーズが溶けて、また違った味わいになります。

材料

	（17cm型）	（20cm型）
卵白	110g	170g
グラニュー糖	60g	90g
コーンスターチ	6g	10g
卵黄	50g	80g
水	40g	60g
植物油	40g	60g
薄力粉	60g	90g

	（17cm型）	（20cm型）
エダムチーズ（削って粉状にしたもの）	35g	50g
エダムチーズ（5〜7mm角にカットしたもの）	50g	70g

作り方

1. 卵白、砂糖、コーンスターチで強いメレンゲを作っておく。
2. ボウルに卵黄、水、植物油、粉を入れ、練るように混ぜる。
3. 1のメレンゲの状態を見直してから、2に同量くらいのメレンゲを合わせ、よく混ぜる。
4. メレンゲを再確認し、半量を3に加えてさっと混ぜる。
5. 残ったメレンゲを加えて、よく混ぜる。
6. エダムチーズの角切りと粉Aを加えて、さっと混ぜる。
7. 型に生地を流し入れ、160℃前後のオーブンで約30分（20cm型は約40分）焼く。
8. 焼き上がったら、型を軽くテーブルなどに打ちつけ、逆さにして、完全に熱が取れるまで置いておく。
9. 型から生地を取り出すB。

● 「チーズ」のはなし

チーズはハードタイプがおすすめです。ここではシフォンとよく合うオランダ産「エダムチーズ」を使用。7mm程度の角切りを加えると溶けすぎずに、ほどよい食感も楽しめます。ぜひ、好みのハードタイプで作ってみてください。

シフォン上達のためのアドバイス8
失敗は成功のもと

　シフォンづくりは、プレーンシフォンをマスターできても、具材を加えたスペシャルシフォンを作ろうとすると、一段と難しくなり、失敗しやすいと耳にします。私も、今まで数多くの失敗を繰り返してきました。その原因を探ると、答えをくれたのは「科学」でした。科学の目でみると、いろいろなことが見えてきます。それと同時に、「目で見えないところに大事なことが隠されている」ことを知らされました。言葉では表しにくい、その目で見えないところを知るのは、何十回も、何百回も……きりがないくらい作って、自分の体の「感覚」で覚えていくことが上達のコツです。
　"失敗は成功のもと" 失敗を重ねながら、楽しくシフォンづくりをマスターしていきましょう。(「よい状態のメレンゲ」の作り方は、p10〜15を参考にしてください)

オーブンの中で、型の表面の生地がへこんだ

原因：焼きすぎが原因です。

[同じ失敗を防ぐには]
　オーブンの能力や機種、型の種類によって、火の通り具合は変わりますので注意しましょう。本書で紹介した時間はあくまでも目安ですが、うまく焼けない時は、焼き上がり時間の5分くらい手前にタイマーをかけ、様子を見ながら焼くようにします。
　膨らんでいた生地がほんの少し沈んでしまうと焼き過ぎのサインです。その手前で取り出すことができるよう、生地づくりのたびに、時間経過による膨らみを観察し、ベストの焼き時間を見つけましょう。慣れてくると、表面を手で触って感じる弾力の違いで、焼けたかどうか、確認できるようになります。

オーブンの中で、型の表面の生地がボコボコになって膨らみすぎた

原因1：生地の中の空気の量が多かった。

[同じ失敗を防ぐには]
　メレンゲを、細かい泡にそろえる作業をしっかりと行いましょう。

原因2：卵黄生地とメレンゲを混ぜながら、余分な空気を逃がしてちょうどよい空気の量にするのですが、混ぜ方が足りないと空気が多すぎて膨らみすぎることになります。表面にたくさんの亀裂ができてボコボコになるのは、余分な空気が逃げた跡です。

[同じ失敗を防ぐには]
　卵黄の生地とメレンゲを合わせるとき、白い部分がなくなったら混ぜ終わりではありません。そこからもう少し混ぜて余分な空気を逃がしてから、型に入れるようにします。

case 3 オーブンから出したら、型の表面の生地がへこんだ

原因：オーブンの中で温められた空気が膨張して生地は膨らみ、オーブンの外で冷めると空気は収縮します。メレンゲの膜が弱いと空気の収縮とともに生地も縮んでしまうので、へこんでしまうのです。

[同じ失敗を防ぐには]
　強いメレンゲを作る練習をしましょう。

case 4 焼き上がりを逆さにしたら生地が落ちた
（逆さにして冷ましたら、型の縁から生地がはがれた）

原因1：メレンゲの泡が弱かったので、生地の重さに耐えられず、生地が型から落ちてしまった(写真A)。

[同じ失敗を防ぐには]
　メレンゲづくりが大事です。難しいときは、具材を少し減らして作ってみましょう。

原因2：生地がよく焼けていなかったこと。

[同じ失敗を防ぐには]
　中までよく火が入っておらず、生焼けだと、生地が落ちることがあります。生地の中に固形物が入っていると火通りが悪いので、プレーンのような何も入っていないものより焼き時間がかかります。少し長めに焼いてください。オーブンの温度が高すぎると、生地の周りが焼けていても、中心まで焼けていない時がありますので、火力に気をつけましょう。
　また、紙の型は熱伝導率が低いため、設定時間通りに焼いても中までよく焼けていないことがあります。紙の型の場合は、少し長く焼くようにしましょう。
　落ちた生地は湯気の立っているうちに食べると、蒸しパンのようでおいしいです。ですが、冷めると固くなります。生地が落ちなくても、写真Bのように型の周りから生地がはがれ、膨らみが悪いシフォンは、焼き方が足らなかったためです。とくにチョコレート生地は黒く、焼けているかどうかの判断が難しいため、焼き時間に気をつけましょう。

case 5 色のきれいなものを入れたら、生地が変な色になってしまった

原因：ポリフェノールを持っている食材は、ポリフェノールの一種のアントシアニンがアルカリの生地と反応して変色するのです。フランボワーズの果汁が生地に溶け込んでしまうと、青い筋状になって出てきます。

[同じ失敗を防ぐには]
　レモンなどの酸を加えてアルカリを中和すると変色が和らぎます。入れすぎると、酸味が強くなるので気をつけましょう。

case 6 取り出したシフォンの側面がつぶれていた。また、生地が横にさけていた

原因1：写真Aのようにシフォンの側面がつぶれてしまうのは、メレンゲを長い間(15〜20分以上)泡立て続けたり、泡立てる時に強い力を加えすぎたりした時などに起きます。弾力がなくなり生地が沈み、くぼんでしまいます。

[同じ失敗を防ぐには]
　よい状態のメレンゲを作る練習を重ねましょう。

原因2：写真Bのように横にさけてしまうのは、生地がよく混ざっていなかった、またはメレンゲの状態が悪いという点が原因です。

[同じ失敗を防ぐには]
　水分の多いものを混ぜる時は、混ざりにくいため、よく混ぜましょう。しっかりと混合するためには、メレンゲをよい状態にしておくことが必須になります。

case 7　型から取り出したら、型の底の生地（上になる部分）がへこんでいた

原因1：乳化がうまくできていないことが原因です。油を水で囲んでいる乳化が、シフォンにとってよい乳化状態です。しかし、水を油が囲んでいる乳化は、シフォンにとって悪い乳化となります。油のために生地が型にくっつかず、はがれてへこんでしまいます。

[同じ失敗を防ぐには]
　乳化は、「一定方向」に混ぜることで大切です。強すぎる力だとレシチンの乳化力が壊れてしまうので、適度な力で混ぜましょう。ミキサー使用の場合は、中速が目安です。

原因2：生地を型に流した時に、底をたたきすぎた時にも起こります。空気が入ってしまい、そこから生地がはがれたのです。

[同じ失敗を防ぐには]
　シフォン型は、底が筒と共に外れるタイプが使われます。このタイプは型の底をたたいた時、その衝撃で底が浮いてしまい、そこから空気が入ってしまうことがあります。それを防ぐためには、筒の部分を上から手で押さえて軽くたたくようにします。

case 8　生地を切ったら、卵白の塊が入っていた

原因1：写真左の生地の右下に白い部分が見えています。これは、混ざりきらなかったメレンゲです。メレンゲが泡立ちすぎていると混ざりにくいのです。メレンゲが弱く、混ぜている間に泡が消えていくと、背が低くなってしまいます。卵黄生地のココアが水分とよく混ざっていなくても、泡が消えやすく、よく混ぜることができません。メレンゲと卵黄生地の混ぜ方が悪くても、同じようなことが起こります。

[同じ失敗を防ぐには]
　よいメレンゲを作ることが大事です。卵黄生地とメレンゲの混ぜ方の練習をしましょう。また、卵黄生地の温度が温かくないと乳化がうまくいかないため、加える「水」は、ひと肌程度に温めた「ぬるま湯」を使うとよいでしょう。

原因2：写真右は、細かくそろったメレンゲになっていないため、消えずに残っていた大きな気泡の跡です。

[同じ失敗を防ぐには]
　メレンゲづくりが大事です。特に、ココアの入ったものは、ココアの油分で泡が消えやすいので、泡の細かいしっかりとした強いメレンゲを作りましょう。

『La Famille』
- 住所／東京都豊島区西池袋3-4-6 今村ビル1階
- 電話／03-5958-0431
- 営業時間／10時30分〜18時30分
- 定休日／不定休

添加物を極力使わない、体にやさしい洋菓子店として1998年3月にオープン。定番のシフォンや、四季折々のシフォンが楽しめる。またシュークリームも隠れた人気。シフォンの全国宅配や、シフォンケーキをベースにしたバースデーケーキも注文可能(予約制)。2010年1月に、現在の場所に移転。お菓子教室は、基本コース、応用コース、個人レッスンの特別コースの3コースで、シフォン以外にもさまざまなお菓子づくりを学ぶことができる。

Special Chiffon Cake 35 Recipes by Noriko Ozawa

シフォンケーキ専門店『ラ・ファミーユ』の体にやさしいレシピ

スペシャルシフォンケーキ

発行日　平成29年4月23日　初版発行

著　者　小沢のり子
発行者　早嶋 茂
制作者　永瀬正人
発行所　株式会社旭屋出版
　　　　〒107-0052　東京都港区赤坂1-7-19　キャピタル赤坂ビル8階
　　　　郵便振替　00150-1-19572

　　　　販売部　TEL 03(3560)9065　FAX 03(3560)9071
　　　　編集部　TEL 03(3560)9066　FAX 03(3560)9073
　　　　旭屋出版ホームページ　　http://asahiya-jp.com/

調理助手　小澤照美
撮　影　　後藤弘行(旭屋出版)
デザイン　1108GRAPHICS
編　集　　森正吾　久保田恵美

印刷・製本　株式会社シナノ パブリッシング プレス

※許可なく転載、複写ならびにweb上での使用を禁じます。
※落丁、乱丁本はお取り替え致します。
※定価はカバーに表示してあります。

©N.Oazwa/Asahiya Shuppan, 2017
　　ISBN978-4-7511-1270-0　Printed in Japan